Fakten für Kinder

CHARLOTTE GIBBS

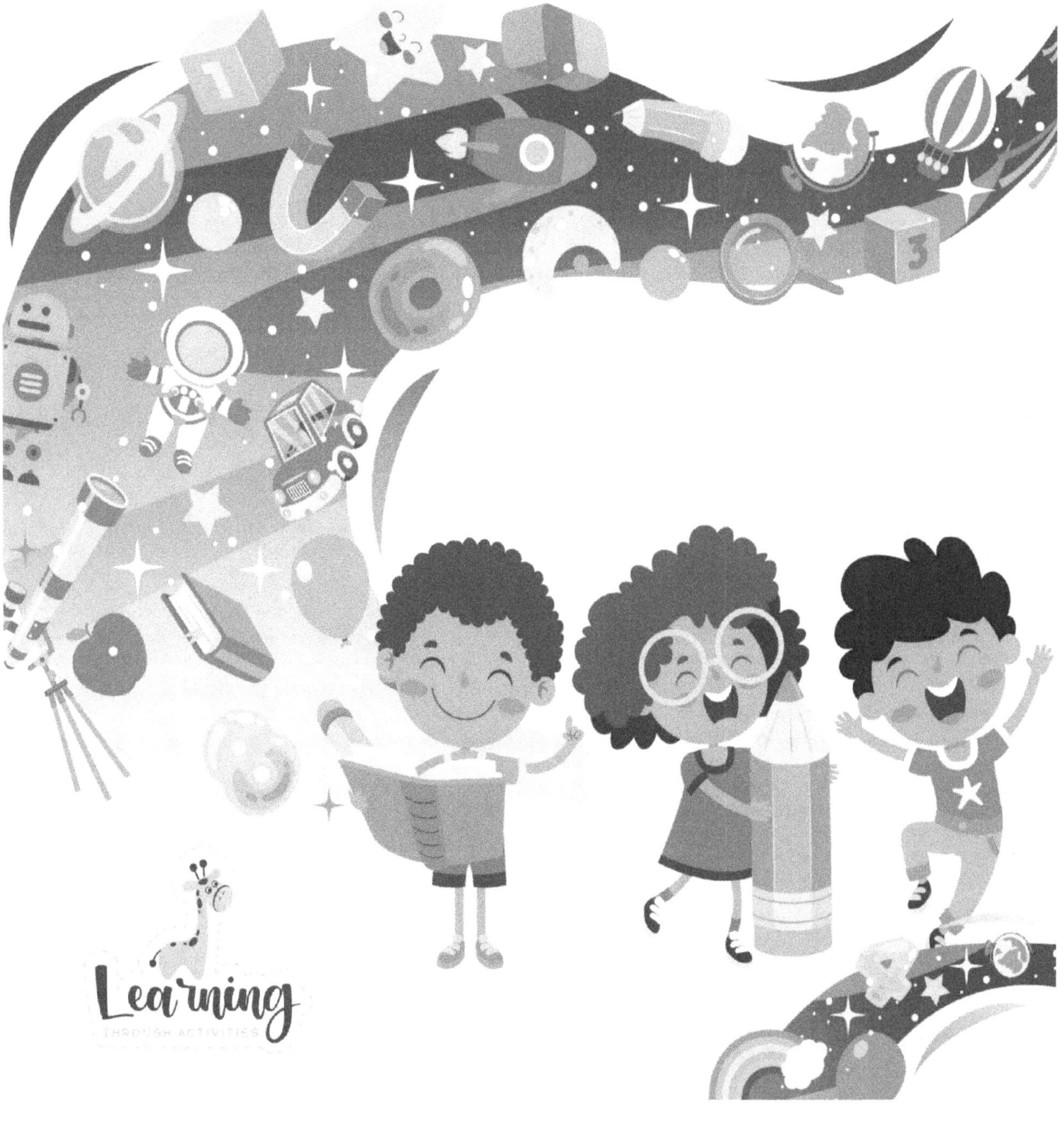

Learning
THROUGH ACTIVITIES

© Copyright 2021 - Alle Rechte vorbehalten.

Der Inhalt dieses Buches darf ohne direkte schriftliche Genehmigung des Autors oder des Herausgebers nicht reproduziert, vervielfältigt oder übertragen werden.

Unter keinen Umständen kann der Herausgeber oder der Autor für Schäden, Wiedergutmachung oder finanzielle Verluste, die direkt oder indirekt auf die in diesem Buch enthaltenen Informationen zurückzuführen sind, verantwortlich gemacht werden.

Rechtlicher Hinweis:
Dieses Buch ist urheberrechtlich geschützt. Es ist nur für den persönlichen Gebrauch bestimmt. Du darfst den Inhalt dieses Buches ohne die Zustimmung des Autors oder des Herausgebers nicht verändern, verteilen, verkaufen, verwenden, zitieren oder paraphrasieren.

Hinweis zum Haftungsausschluss:
Bitte beachte, dass die in diesem Dokument enthaltenen Informationen nur für Bildungs- und Unterhaltungszwecke gedacht sind. Es wurden alle Anstrengungen unternommen, um genaue, aktuelle, zuverlässige und vollständige Informationen zu präsentieren. Es werden keine Garantien jeglicher Art erklärt oder impliziert. Die Leserinnen und Leser nehmen zur Kenntnis, dass die Autorin oder der Autor keine rechtliche, finanzielle, medizinische oder fachliche Beratung anbietet. Der Inhalt dieses Buches wurde aus verschiedenen Quellen entnommen. Bitte kontaktiere einen zugelassenen Fachmann, bevor du die in diesem Buch beschriebenen Techniken anwendest.

Mit der Lektüre dieses Dokuments erklärt sich der/die Leser/in damit einverstanden, dass der/die Autor/in unter keinen Umständen für direkte oder indirekte Verluste verantwortlich ist, die durch die Nutzung der in diesem Dokument enthaltenen Informationen entstehen, einschließlich, aber nicht beschränkt auf Fehler, Auslassungen oder Ungenauigkeiten.

Inhaltsverzeichnis

Einleitung..................4

Kapitel 1: Tiere
Haustiere..................8
Fische..................10
Amphibien..................11
Vögel..................12
Meerestiere..................13
Beuteltiere..................14
Säugetiere..................15
Reptilien..................16
Insekten..................17
Dinosaurier..................18

Kapitel 2: Der Weltraum
Planeten..................19
Sterne..................19
Die Sonne..................20
Der Mond..................21
Kometen..................21
Astronauten..................22
Schwarze Löcher..................23
Asteroiden..................23
Bonus-Fakten..................24

Kapitel 3: Die Welt
Kontinente..................26
Die Antarktis..................26
Länder..................27
Berge..................28
Flaggen..................28
Unterschiedliche Kulturen..................29
Ungewöhnliche Traditionen..................31
Mode..................32
Geld..................32
Bonus-Fakten..................33

Kapitel 4: Sport
Die Olympischen Spiele..................34
Ballsport..................34
Wassersport..................35
Wintersportarten..................36
Radfahren..................36
Laufen..................36
Boxen..................37
Autorennen..................37
Bonus-Fakten..................38

Kapitel 5: Lebensmittel
Früchte..................39
Gemüse..................40
Nüsse..................41
Bonus Fakten..................42

Kapitel 6: Das Wetter
Wind..................43
Wolken..................44
Regen..................44
Blitze..................45
Stürme, Hurrikans und Tornados..................45
Bonus-Fakten..................46

Kapitel 7: Der menschliche Körper
Knochen..................47
Muskeln..................48
Gehirn..................49
Haut..................49
Haare und Nägel..................50
Verdauung..................50
Augen und Zähne..................51
Herz und Blut..................52
Körper..................52
Schlaf und Träume..................53

Kapitel 8: Wissenschaft
Chemie..................54
Computer..................54
Biologie..................55
Elektrizität..................56
Mathematik..................56
Geologie..................57
Archäologie und Paläontologie..................57
Luftfahrt..................58

Kapitel 9: Geschichte
Das Mittelalter..................59
Das antike Griechenland..................60
Das antike Rom..................60
Die Ägypter..................61
Wikinger..................62
Das antike China..................62
Die beiden Weltkriege..................63
Der Wilde Westen..................64
Weihnachten..................64
Bonus-Fakten..................65

Kapitel 10: Der Ozean
Unsere Meere..................66
Strömungen..................66
Wellen..................67
Meeresleben..................68
Inseln..................69
Schiffswracks..................69
Bonus-Fakten..................70

Kapitel 11: Pflanzen
Essbare Pflanzen..................71
Blumen..................72
Bäume..................73
Saatgut..................74
Kräuter und Gewürze 75
Bonus-Fakten..................76

Fazit..................78

EINLEITUNG

Willkommen bei Fakten für Kinder! In diesem Buch findest du über 1.000 Fakten zu ganz unterschiedlichen Themen wie Tieren, Pflanzen, Wissenschaft und Geschichte.

Was ist der größte Baum der Welt? Welches ist die Stadt mit dem schwierigsten Namen? Wie viele gesunkene Schiffe gibt es in allen Weltmeeren? In diesem Buch findest du die Antworten auf diese und viele weitere Fragen, die dich überraschen und deine Neugierde wecken werden. Stell dir vor, wie viele Dinge du mit deinen Freunden und deiner Familie teilen kannst!

Das Beste daran ist, dass du die interessantesten Fakten recherchieren kannst und vielleicht noch viele weitere auf eigene Faust findest, denn die Welt ist voller Kuriositäten, die nur darauf warten, von dir entdeckt zu werden.

Hier ist die erste Tatsache in diesem Buch: Du wirst eine tolle Zeit beim Lesen haben!

Bist du bereit, herauszufinden, was die anderen 1.000 Fakten sind? Los geht's!

Kapitel 1:
TIERE

Haustiere

1. Hunde und Katzen haben jeweils einen einzigartigen Nasenabdruck, genau wie unsere Fingerabdrücke.

2. Das Herz einer Katze schlägt doppelt so schnell wie das unsere.

3. Die Zähne eines Kaninchens hören nie auf zu wachsen.

4. Die schnellsten Hunde der Welt sind Windhunde, sie rennen mit 45 Meilen pro Stunde.

5. Alle Kätzchen werden mit blauen Augen geboren und ändern ihre Farbe etwa zwei Wochen nachdem sie diese geöffnet haben.

6. Ein Hund kann Geräusche viermal weiter weg hören als ein Mensch.

7. Hunde können auch Dinge erschnüffeln, die mehr als 12 Meilen entfernt sind.

8. Kaninchen springen hoch in die Luft, wenn sie glücklich sind, und diesen Sprung nennt man Zwinkern.

9. Ein Katzenpaar und seine Jungen können in sieben Jahren 420.000 Kätzchen zur Welt bringen.

10. Eine Gruppe von Katzen wird Rudel genannt und eine Gruppe von Kätzchen ist ein Wurf.

11. Bluthunde haben bis zu dreihundert Millionen Geruchsrezeptoren in ihrer Nase, wir haben nur fünf Millionen.

12. Katzen gehen mit ihren Beinen im Tandem, das heißt, ihr linkes Vorderbein bewegt sich gleichzeitig mit ihrem linken Hinterbein.

13. Die einzigen anderen Tiere, die im Tandem laufen, sind Giraffen und Kamele.

14. Hunde schwitzen durch ihre Nase und die Ballen ihrer Pfoten.

15. Kaninchenbabys werden Kätzchen genannt, genau wie bei Katzen.

Fische

16. Die meisten Fische haben keine Augenlider, sie brauchen sie nicht, um ihre Augen feucht zu halten.

17. Haie sind die einzigen Fische, die blinzeln können.

18. Die meisten Fische sind Kaltblüter, im Gegensatz zu uns, die wir Warmblüter sind. Das bedeutet, dass sie ihre Körpertemperatur an die Temperatur ihrer Umgebung anpassen.

19. Thunfische und einige Haie haben warmes Blut, genau wie wir!

20. Segelfische können bis zu 68 Meilen pro Stunde schwimmen. Das ist so schnell wie ein Wirbelsturm!

21. Fische haben ein Sinnesorgan namens Seitenlinie, das ihnen hilft, jede Vibration um sich herum zu spüren, um ihren Weg im Dunkeln zu finden.

22. Jemand, der Fische studiert, wird Ichthyologe genannt.

23. Fische gibt es schon seit mehr als 500 Millionen Jahren. Sie waren schon vor den Dinosauriern auf der Erde!

24. Fische haben keine Lungen, um Luft zu atmen. Sie nehmen den Sauerstoff aus dem Wasser auf.

25. Um diesen Sauerstoff zu bekommen, lassen sie eine Menge Wasser durch ihr Maul und ihre Kiemen eindringen.

26. Fische können husten, aber sie können nicht niesen.

27. Alle Fische sind Wirbeltiere, das heißt, sie haben ein Rückgrat.

28. Alle Clownfische in einem Schwarm sind männlich, außer dem größten, der ist weiblich.

29. Wenn ein weiblicher Clownfisch stirbt, wechselt das dominante Männchen sein Geschlecht und nimmt seinen Platz ein.

30. Fische können ihr Geschlecht von einem Männchen zu einem Weibchen oder von einem Weibchen zu einem Männchen wechseln, aber nur einmal, weil der Wechsel dauerhaft ist.

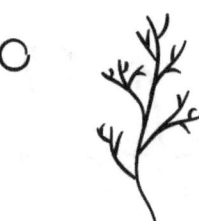

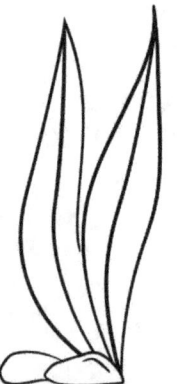

Amphipien

31. Frösche schlüpfen aus Eiern.

32. Neugeborene Frösche werden Kaulquappen genannt.

33. Kaulquappen haben Schwänze und Kiemen anstelle von Beinen und Lunge. Sie entwickeln sie, wenn sie erwachsen werden.

34. Giftpfeil-Kaulquappen reiten auf dem Rücken ihrer Mutter.

35. Ochsenfrosch-Kaulquappen können so lang wie Bananen werden.

36. Eine Kaulquappe wird auch Polliwog genannt.

37. Es gibt Amphibien, die wie Würmer oder Schlangen aussehen, weil sie keine Arme oder Beine haben. Sie werden Caeciliane genannt.

38. Die größte Amphibie der Welt ist der chinesische Riesensalamander.

39. Der chinesische Riesensalamander kann bis zu einem Meter lang werden und wiegt 65 Pfund. Das ist größer als ein 7-jähriges Kind!

40. Der größte Frosch ist eine vom Aussterben bedrohte Art namens Goliath-Frosch.

41. Der Goliath-Frosch wiegt mehr als 6 Pfund. Kannst du dir einen Frosch von der Größe eines Chihuahuas vorstellen?

42. Das kleinste Wirbeltier der Welt ist ein Frosch, der in Ozeanien lebt.

43. Dieser winzige Frosch ist nur 0,3 cm lang und damit sogar kleiner als eine Mücke!

44. Frösche können nicht in Salzwasser leben.

45. Eine Gruppe von Fröschen nennt man eine Armee.

Vögel

46. Vögel sind Warmblüter, genau wie wir!

47. Sie sind direkte Nachfahren der Dinosaurier aus dem Jurazeitalter.

48. Vögel legen Eier in vielen verschiedenen Größen und Farben, nicht nur in weiß.

49. Ihre Knochen sind hohl, wodurch sie leichter sind und besser fliegen können.

50. Strauße, Emus, Kiwis und Pinguine können nicht fliegen.

51. Der kleinste Vogel der Welt ist der Bienenkolibri, der nur 5 cm lang ist.

52. Strauße sind die größten Vögel. Mit einer Größe von über 3 Metern können sie die Decke eines Hauses erreichen!

53. Vögel haben Krallen, die ihnen helfen, das Futter zu greifen, weil sie keine Zähne haben.

54. Da sie keine Zähne haben, schlucken sie ihre Nahrung ganz.

55. Anders als beim Menschen sind die Mägen der Vögel in zwei Teile geteilt.

56. Der zweite Teil wird Muskelmagen genannt und hilft ihnen, ihre Nahrung zu zerkleinern.

57. Der höchste fliegende Vogel ist eine Geierart, die Höhen von bis zu 37.000 Fuß (12 Kilometer) erreichen kann. Das ist so hoch wie ein Flugzeug!

58. Vögel säubern ihre Federn mit ihren Schnäbeln und Füßen. Das nennt man Putzen.

59. Sie baden auch regelmäßig in Wasser, Staub oder Sand, um sich von Parasiten zu befreien.

60. Manche Vögel wandern jedes Jahr und legen dabei bis zu 40.000 Meilen von einer Seite der Welt zur anderen zurück.

Meerestiere

61. Seepferdchen sind die einzigen Tiere, bei denen die Männchen den Nachwuchs zur Welt bringen.

62. Quallen und Krebse sind gar keine Fische. Komischerweise sind Seepferdchen welche!

63. Der größte Fisch der Welt ist der Walhai.

64. Walhaie werden bis zu 40 Fuß (12 Meter) lang und wiegen fast 19 Tonnen. Das ist so viel wie ein Doppeldeckerbus.

65. Wenn sich Muskeln bewegen, geben sie kleine Mengen an Elektrizität ab, die Haie dank eines ausgefallenen Organs, der Lorenzinischen Ampulle, wahrnehmen können.

66. Anders als wir denken, sind Aale nicht aggressiv, wenn sie ihr Maul öffnen und schließen, sondern sie atmen so.

67. Boxerkrabben halten Seeanemonen in ihren Händen wie Bommeln.

68. In Wirklichkeit füttern sie sie, um sie zu schützen, denn Anemonen sind giftig.

69. Obwohl sie giftig sind, müssen wir uns bei den meisten Anemonen keine Sorgen machen, denn fast alle sind für uns Menschen harmlos.

70. Ein Oktopus hat drei Herzen.

71. Delfine schlafen mit einem offenen Auge.

72. Sie tun das, weil sie halb wach bleiben müssen, um im Schlaf nicht zu ertrinken, da sie unter Wasser nicht atmen können.

73. Zitteraale erzeugen genug Strom, um mehrere Glühbirnen zum Leuchten zu bringen.

74. Das Herz einer Garnele ist in ihrem Kopf.

75. Wenn sie verletzt werden, können Seesterne ihre Arme nachwachsen lassen und manche können sogar ihren ganzen Körper aus einem einzigen Arm bilden!

Beuteltiere

76. Beuteltiere sind Säugetiere, die ihre Babys in einem Beutel tragen.

77. Ihre Babys heißen Joeys.

78. Joeys sind nur einen Monat lang im Bauch ihrer Mutter, bevor sie geboren werden. Sie kommen so klein wie eine Gummibohne und völlig blind auf die Welt!

79. Von den fast 5.500 Säugetieren, die es gibt, sind nur etwa 334 Beuteltiere.

80. Zwischen 70 % und 75% der Beuteltiere leben auf dem australischen Kontinent.

81. Die restlichen 25 % bis 30 % finden sich in Amerika, auf den anderen Kontinenten gibt es keine Beuteltiere.

82. Kängurus und Koalas sind einige Beispiele für Beuteltiere.

83. Koalas fressen giftige Eukalyptusblätter, weil sie spezielle Mikroben in ihrem Darm haben, um sie zu verdauen, ohne krank zu werden.

84. Baby-Koalas haben diese Mikroben noch nicht, wenn sie geboren werden, deshalb fressen sie die Kacke ihrer Mutter.

85. Weibliche Beuteltiere haben zwei Gebärmütter. Alle anderen Säugetiere haben nur eine.

86. Die meisten Beuteltiere sind nachtaktiv (sie schlafen tagsüber).

87. Rote Kängurus können über Dinge springen, die drei Meter hoch sind.

88. Rote Kängurus sind auch die größten Beuteltiere der Welt.

89. Kleine Känguru-Arten werden Wallabys genannt.

90. Ein männliches Känguru ist ein Boomer und ein weibliches ein Flyer.

Säugetiere

91. Alle Säugetiere haben Haare oder Fell, auch Delfine und Wale, bevor sie geboren werden.

92. Schnabeltiere und Stachelameisenbären sind die einzigen Säugetiere, die keine lebenden Jungen zur Welt bringen, sondern Eier legen!

93. Das größte Säugetier ist der Blauwal, der fast so groß wie ein Flugzeug ist!

94. Und das kleinste ist die Hummel-Fledermaus, die so groß wie unser kleiner Finger ist.

95. Wenn wir nur die Landsäugetiere berücksichtigen, ist der größte von allen der Elefant.

96. Elefantenbabys können schon 20 Minuten nach ihrer Geburt aufstehen.

97. Es gibt mehr Ratten und Mäuse auf der Welt als von jedem anderen Säugetier, einschließlich der Menschen.

98. Fledermäuse sind die einzigen Säugetiere, die fliegen können.

99. Ameisenbären haben keine Zähne.
100. Delfinbabys schlafen im ersten Monat ihres Lebens nicht.
101. Die Milch von Flusspferden ist rosa.
102. Pandas fressen jeden Tag 30 Pfund (ca. 14 Kilogramm) Bambus.
103. Die Zunge einer Giraffe ist 20 cm lang.
104. Manche Maulwürfe können in einer Nacht Löcher graben, die bis zu 30 Meter tief sind.
105. Die schläfrigsten Säugetiere sind Koalas, die fast 22 Stunden am Tag damit verbringen.

Reptiliten

106. Reptilien pinkeln und kacken an der gleichen Stelle. Diese wird Kloake genannt.
107. Schildkröten und Landschildkröten sind Reptilien.
108. Schildkröten können im Wasser, auf dem Land oder an beiden Orten leben, während Landschildkröten nur auf dem Land leben können und nicht für das Leben im Wasser ausgerüstet sind.
109. Tuataras sind Reptilien, die in Neuseeland leben, und obwohl sie wie Leguane aussehen, sind sie eine ganz andere Art.
110. Klapperschlangen und Boa con-strictors legen keine Eier wie die meisten Schlangen, sondern sie bringen lebende Junge zur Welt!
111. Krokodile können ein halbes Jahr lang von einer einzigen Mahlzeit leben, wenn sie müssen.
112. Grüne Leguane werden steif gefroren, wenn es weniger als 40 Grad Celsius hat. Wenn sie auf einem Baum liegen, können sie wie ein Stein herunter fallen. Zum Glück bewegen sie sich, sobald sie wieder aufgewärmt sind, als wäre nichts passiert.
113. Schildkröten vergraben ihre Eier. Aus den wärmeren Eiern in der Nähe der Oberseite schlüpfen Mädchen und aus den kühleren Eiern in der Nähe der Unterseite schlüpfen Jungen.
114. Die Aldabra-Schildkröte kann bis zu 150 Jahre alt werden.
115. Schlangen und Eidechsen riechen mit ihrer Zunge.

116. Die Lungen von Schildkröten sind im Inneren der Oberseite ihres Panzers befestigt.

117. Salzwasserkrokodile sind die größten Reptilien der Welt. Sie sind fast 4 Mal größer als ein erwachsener Mensch!

118. Krokodile können ihre Zunge nicht herausstrecken, weil sie an der Unterseite ihres Mauls befestigt ist.

119. Es gibt eine Echsenart in Neuguinea und auf den Salomonen, die kein rotes Blut, sondern grünes Blut hat.

120. Chamäleons wechseln ihre Farbe nicht, um sich zu tarnen, sondern um zu kommunizieren und ihre Körpertemperatur zu regulieren. Hellere Farben helfen ihnen, sich abzukühlen und andersherum.

Insekten

121. Bienen gibt es auf allen Kontinenten außer der Antarktis.

122. Nur männliche Grillen zirpen.

123. Ein Marienkäfer kann in seinem Leben bis zu 5.000 Insekten fressen.

124. Die Flügel einer Biene schlagen 190 Mal pro Sekunde.

125. Raupen haben 12 Augen.

126. Schnecken haben vier Nasen.

127. Es gibt einen ameisenfressenden Käfer, der seine Fressfeinde verscheucht, indem er seine Opfer auf seinem Körper stapelt.

128. Manche Mistkäfer können mehr als das 1.000-fache ihres eigenen Gewichts ziehen. Das ist so, als würde ein Mensch ein 72 Tonnen schweres Spaceshuttle ziehen.

129. Moskitos werden von stinkenden Füßen angezogen.

130. Manche Zikaden machen einen Lärm von 110 Dezibel, das ist so laut wie ein Rockkonzert!

131. Insekten sind wirbellose Tiere, das heißt, sie haben kein Rückgrat.

132. Spinnen sind keine Insekten, sie sind Spinnentiere.

133. Andere Beispiele für Spinnentiere sind Skorpione oder Zecken.

134. Der Königin-Alexandra-Vogelfalter ist der größte Schmetterling der Welt.

135. Wie Fische sind auch Insekten kaltblütig.

Dinosaurier

136. Das Wort Dinosaurier bedeutet "schreckliche Eidechse".

137. Dinosaurierreste wurden auf allen Kontinenten ausgegraben, auch in der eisigen Antarktis.

138. Der Dinosaurier mit dem längsten Namen lebte früher in China. Versuche, ihn schnell zu sagen: Micropachycephalosaurus.

139. Menschen, die Dinosaurier studieren, nennt man Paläontologen.

140. Nicht alle Dinosaurier waren riesig. Manche waren so klein wie Hühner.

141. Die größten Dinosaurier aßen Pflanzen und die, die sich von Fleisch ernährten, waren meist kleiner.

142. Sie hatten kein kaltes Blut wie heutige Reptilien und kein warmes Blut wie Säugetiere. Es lag irgendwo dazwischen.

143. Wissenschaftler/innen glauben, dass der T-Rex Federn gehabt haben könnte.

144. Als vor vielen hundert Jahren Dinosaurierknochen in China gefunden wurden, dachten die Menschen, es seien die Überreste von riesigen Drachen.

145. Dinosaurier entstanden und starben im Zeitalter Mesozoikum, vor 250 bis 65 Millionen Jahren, aus.

146. Nicht alle Tiere des Mesozoikums waren Dinosaurier, einige andere waren Reptilien, die wir oft mit Dinosauriern verwechseln.

147. Der Pterodactylus ist ein Beispiel für ein Reptil, obwohl er oft fälschlicherweise als Dinosaurier bezeichnet wird.

148. Meeresdinosaurier waren eigentlich Reptilien, keine Dinosaurier, sie waren an das Leben im Wasser angepasst.

149. Reptilien waren Meeresbewohner, die sich an das Leben auf Land angepasst haben. Einige von ihnen haben sich jedoch an das Leben im Wasser angepasst, wie die Ichthyosaurier.

150. Die heutigen Vögel gehören zur Familie der Velociraptoren.

Kapitel 2:

Weltraum

Planeten

151. Es gibt acht Planeten in unserem Sonnensystem: Merkur, Venus, Erde, Mars, Jupiter, Saturn, Uranus und Neptun. Pluto wird nicht mehr als Planet betrachtet.

152. Du kannst dir die Reihenfolge der Planeten mit dieser Eselsbrücke merken: Mein Vater erklärt mir jeden Sonntag unseren Nachthimmel.

153. Jupiter ist der größte Planet. Es passen 1.321 Erden in ihn hinein.

154. Der kleinste Planet ist Merkur.

155. Die Erde braucht 365 Tage (1 Jahr), um die Sonne zu umkreisen.

156. Die Erde besteht aus Gestein und der Jupiter aus Gas.

157. Außer der Erde wurden alle Planeten in unserem Sonnensystem nach griechischen und römischen Göttern und Göttinnen benannt.

158. Saturn ist der zweitgrößte Planet und die Ringe, die ihn umkreisen, bestehen aus Eis und Staub.

159. Galileo hat diese Ringe vor über 400 Jahren zum ersten Mal mit einem Teleskop gesehen.

160. Mehr als 500.000 Teile von Weltraumschrott kreisen um die Erde, darunter auch Schraubenschlüssel, die Astronauten beim Bau der Raumstation fallen ließen.

Sterne

161. Sterne sind sehr heiße Gasbälle, die hauptsächlich aus zwei Gasen, Helium und Wasserstoff, bestehen.

162. Wasserstoff kann sich in Helium umwandeln und dabei viel Energie freisetzen - so entstehen Sterne.

163. Ein Stern kann Milliarden von Jahren lang brennen und hell leuchten.

164. Die meisten Sterne am Himmel sind rote Zwerge, die kalte Sterne sind und kleiner als die Hälfte der Sonne.

165. Sterne funkeln aufgrund der Bewegung in der Erdatmosphäre.

166. Kleinere Sterne leben am längsten. Die Riesensterne sind hell, brennen aber sehr schnell aus.

167. Die kleinsten Sterne sind rot und leuchten nicht viel. Gelbe Sterne sind mittelgroß, wie unsere Sonne. Die größten Sterne sind blau und leuchten besonders hell.

168. Wenn Sterne sterben, explodieren sie und bilden eine Explosion, die Supernova genannt wird und die wir manchmal ohne Hilfsmittel sehen können.

169. Es dauert Millionen von Jahren, bis das Licht mancher Sterne unsere Augen erreicht. Deshalb sehen wir Sterne, die sehr, sehr lange zurückliegen und die es womöglich gar nicht mehr gibt.

170. Es gibt mehr Sterne im Universum als alle Sandkörner an allen Stränden der Erde zusammen.

Die Sonne

171. Die Sonne ist etwa 4,5 Milliarden Jahre alt.

172. Sie ist riesig und hat die Größe von 1,3 Millionen Erden.

173. Der Sonnenuntergang auf dem Mars sieht blau aus.

174. Die Temperaturen können bis zu 27 Millionen Grad Fahrenheit (14.999.982,222 Grad Celsius) im Inneren der Sonne haben.

175. Sonnenflecken sind dunklere Regionen, die wir auf der Oberfläche der Sonne sehen können.

176. Sonnenflecken haben eine starke magnetische Aktivität und sind viel kühler als der Rest der Sonne.

177. Einige dieser Magnetfelder in der Nähe von Sonnenflecken verheddern oder überkreuzen sich und verursachen eine Energieexplosion, die Sonneneruption genannt wird.

178. Sonneneruptionen können den Funkverkehr auf der Erde stören.

179. Der größte Teil der Sonne besteht aus Wasserstoff, der sehr explosiv ist.

180. Eine Sonnenfinsternis entsteht, wenn sich der Mond zwischen die Erde und die Sonne schiebt.

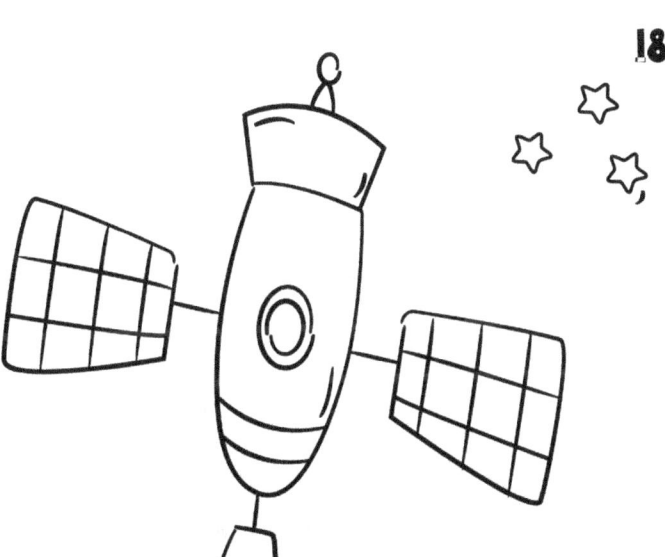

Der Mond

181. Der Mond umrundet die Erde alle 27,3 Tage.

182. Auf dem Mond wird es tagsüber sehr heiß (225 Grad Fahrenheit = 107 Grad Celsius).

183. In der Nacht ist der Mond jedoch eiskalt (-387 Grad Fahrenheit = minus 197,222 Grad Celsius).

184. Der erste Mensch, der den Mond betrat, war Neil Armstrong im Jahr 1969.

185. Kometen und Asteroiden haben die riesigen Krater auf der Mondoberfläche verursacht.

186. Auf dem Mond gibt es geringe Mengen an Wasser.

187. Eine Mondfinsternis findet statt, wenn sich die Erde zwischen dem Mond und der Sonne befindet.

188. Der Mond ist ein natürlicher Satellit.

189. Ein Satellit ist etwas, das einen Planeten umkreist, und er kann natürlich oder von Menschen gemacht sein.

190. Der Mond hat kein Licht, wir sehen ihn beleuchtet, weil er das Licht der Sonne reflektiert.

Kometen

191. Einer der berühmtesten Kometen ist der Halleysche Komet.

192. Der Halleysche Komet kommt der Erde alle 75 Jahre nahe.

193. Das nächste Mal wirst du den Halleyschen Kometen im Jahr 2061 sehen können.

194. Ein Komet sieht aus wie ein schmutziger Schneeball mit einem langen Schweif dahinter.

195. Manchmal kreuzt unser Planet die Bahn eines Kometen. Die Staubteilchen, die der Komet zurücklässt, können in die Gase einschlagen, die die Erde umgeben.

196. Dieser Staub verglüht am Himmel und wird Meteoritenschauer genannt.

197. Der Hauptteil des Kometen, der wie eine große Kugel aussieht, wird als Kern bezeichnet.

198. Der Kern ist ein paar Kilometer breit und besteht aus Eis, Gas, Staub und Gestein.

199. Wenn ein Komet in die Nähe eines Sterns oder der Sonne kommt, stößt er durch die Hitze Gas und Staub ab. Dadurch bildet sich eine verschwommene Wolke um den Kern, die Koma genannt wird.

200. Die Koma kann sehr lang werden, wenn der Komet sich bewegt, und wird zu einem Schweif, der am Himmel zu sehen ist.

Astronauten

201. Das Wort Astronaut kommt aus dem Griechischen und bedeutet "Sternensegler".

202. Die Herstellung eines Astronautenanzugs von Grund auf kann bis zu 250 Millionen Dollar kosten.

203. Nur 532 Astronauten sind in den Weltraum geflogen. 12 von ihnen haben den Mond betreten.

204. Astronauten werden größer, nachdem sie im Weltraum waren.

205. Astronauten, die von der russischen Raumfahrtbehörde ausgebildet werden, nennt man Kosmonauten.

206. Die Grenze des Weltraums liegt 62 Meilen über dem Meeresspiegel und wird Karman-Linie genannt. So hoch muss man fliegen, um ins All zu gelangen!

207. Sergej Krikalev, ein russischer Kosmonaut, war sechsmal im Weltraum und verbrachte dort fast 804 Tage, mehr als jeder andere Mensch.

208. Das erste, was die Astronauten im Weltraum aßen, war Apfelmus.

209. Die Fußabdrücke der Astronauten auf dem Mond werden noch 100 Millionen Jahre lang zu sehen sein.

210. Im Jahr 2011 entdeckte ein zehnjähriges Mädchen eine Supernova, die niemand zuvor gesehen hatte, nicht einmal ein Astronaut!

Schwarze Löcher

211. Schwarze Löcher haben eine unglaublich starke Schwerkraft und saugen alles in sich hinein. Nichts kann entkommen, nicht einmal Licht. Die Schwerkraft ist die Kraft, mit der sehr große Objekte angezogen werden und die zum Beispiel dafür sorgt, dass wir auf der Erde bleiben und dass Dinge fallen, wenn wir sie werfen.

212. Im Zentrum der meisten Galaxien, einschließlich unserer eigenen, der Milchstraße, befindet sich ein massives schwarzes Loch.

213. Schwarze Löcher sind unsichtbar. Wir können nur wissen, wo sie sind, wenn wir untersuchen, wie sich alle anderen Himmelskörper um sie herum verhalten.

214. Supernovae von sehr großen Sternen setzen riesige Mengen an Energie frei und lassen Schwarze Löcher entstehen.

215. Der Rand eines Schwarzen Lochs wird Ereignishorizont genannt. Wenn du ihn einmal überschritten hast, gibt es kein Zurück mehr!

216. Schwarze Löcher sind sehr schwer. Eines kann so viel wiegen wie Millionen von Sonnen.

217. Sie leben nicht ewig und verdampfen langsam.

218. Das Zentrum eines Schwarzen Lochs wird Singularität genannt.

219. Der Fluss der Zeit verlangsamt sich in der Nähe eines Schwarzen Lochs, so dass die Uhren langsamer zu ticken scheinen.

220. Wenn zwei Schwarze Löcher zusammenstoßen, verschmelzen sie normalerweise zu einem größeren Schwarzen Loch.

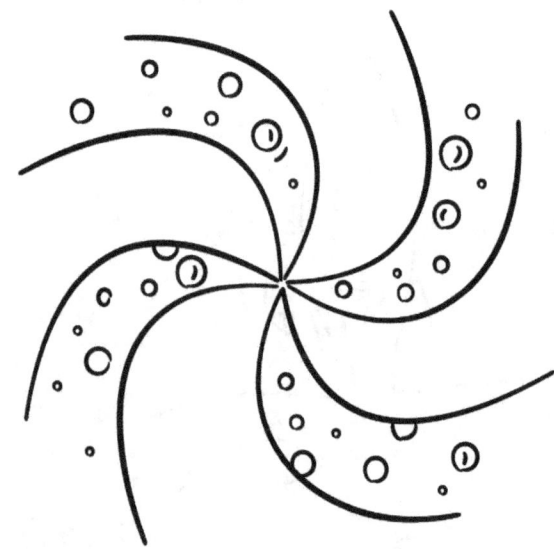

Asteroiden

221. Asteroiden umkreisen die Sonne wie kleine Planeten.

222. Sie bestehen aus Gestein und Metall.

223. Sie sind meist rau und geformt wie Kartoffeln.

224. Asteroiden, die kleiner als 165 Fuß (ca. 50 Meter) breit sind, nennt man Meteoroiden.

Bonus-Fakten

225. Ein Meteoroid, der in die Erdatmosphäre eintritt, wird Meteor genannt.

226. Sternschnuppen sind diese Meteore, die beim Herabfallen verglühen.

227. Ein Meteor, der es schafft, die Erde zu treffen, wird Meteorit genannt.

228. Es gibt viele Asteroiden, die die Sonne zwischen Mars und Jupiter umkreisen. Dieses Gebiet nennt man den Asteroidengürtel.

229. Der Asteroidengürtel enthält Milliarden von Asteroiden, einige von ihnen sind so groß, dass sie als Kleinplaneten gelten.

230. Wissenschaftler glauben, dass ein Asteroid vor 65 Millionen Jahren auf der Erde einschlug und so das Aussterben der Dinosaurier verursachte.

231. Im Weltraum werden Entfernungen in Lichtjahren gemessen. Das ist die Entfernung, die das Licht in einem Jahr zurücklegen würde, und entspricht 6 Billionen Meilen.

232. Die Venus ist der einzige Planet, der sich im Uhrzeigersinn dreht.

233. Ein Tag auf der Venus ist dasselbe wie acht Monate auf der Erde.

234. Ein Teelöffel eines Neutronensterns wiegt sechs Milliarden Tonnen.

235. Der Jupiter ist der sich am schnellsten drehende Planet des Sonnensystems.

236. Im Weltraum gibt es keinen Schall.

237. Auf dem Jupiter gibt es einen großen roten Fleck, der von der Erde aus gesehen werden kann. Das ist ein Sturm, der seit 200 Jahren wütet.

238. Dieser Sturm ist etwa so groß wie eineinhalb Erden.

239. Die Vereinigten Staaten und Russland wetteiferten in einem Weltraumrennen darum, wer als Erster den Weltraum erobern und Menschen zum Mond schicken würde.

240. Das Weltraumrennen begann 1955.

241. Der erste Mensch im Weltraum, 1961, war ein russischer Kosmonaut: Juri Gagarin.

242. Der größte Mond des Saturns heißt Titan.

243. Der Regen auf Titan besteht aus Methan, deshalb riecht er wie Kuhscheiße.

244. Vulkane auf Titan und anderen Saturn-Satelliten spucken Eis statt Flammen!

245. Es gibt einen Planeten, der aus Diamanten besteht. Wir können aber keine bekommen, weil er über 40 Lichtjahre entfernt ist. Die Sonne ist nur 0,00001 Lichtjahre weit weg!

246. Im Weltraum gibt es gefrorenes Wasser.

247. Eine riesige Wasserwolke wurde in 10 Milliarden Lichtjahren Entfernung entdeckt. Sie enthält 140 Billionen Mal mehr Wasser als die Erde!

248. Einige Theorien behaupten, dass der Mond früher ein Teil der Erde war.

249. Auf dem Mars gibt es einen Vulkan, der dreimal so hoch ist wie der Mount Everest, er heißt Olympus Mons.

250. Die Venus ist mit 880 Grad Fahrenheit (465 Grad Celsius) der heißeste Planet unseres Sonnensystems.

Kapitel 3:

DIE WELT

Kontinente

251. Zu Beginn der Erdentstehung waren alle Kontinente vereint und bildeten einen Superkontinent namens Pangäa.

252. Kontinente sind massive Stücke festen Landes (sie sind durch Wasser oder andere natürliche Elemente wie große Berge getrennt).

253. Sie schieben sich so schnell auseinander, wie deine Fingernägel wachsen.

254. Es gibt sieben Kontinente auf der Welt.

255. Sie heißen Europa, Asien, Nordamerika, Südamerika, Australien, die Antarktis und Afrika.

256. Der größte Kontinent ist Asien.

257. Afrika ist der Kontinent mit den meisten Ländern: 54.

258. Australien ist das einzige Land, das auch ein eigenständiger Kontinent ist.

259. Die Namen aller Kontinente enden mit demselben Buchstaben, mit dem sie beginnen (wenn man nicht bedenkt, dass Amerika in Nord und Süd unterteilt ist).

260. Nordamerika ist der einzige Kontinent, auf dem es alle Klimazonen gibt.

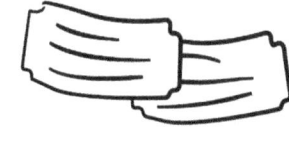

Antarktis

261. 98% der Oberfläche der Antarktis ist mit Eis bedeckt.

262. Niemand lebt dort, aber einige Wissenschaftlerinnen und Wissenschaftler verbringen dort Monate mit ihren Forschungen und auch einige Touristen besuchen sie.

263. Die Antarktis ist der windigste und kälteste Ort der Erde.

264. Sie verändert ihre Größe im Laufe des Jahres. Im Winter ist sie doppelt so groß wie im Sommer, weil ein großer Teil des Ozeans um sie herum gefriert.

265. Im Sommer hat sie 24 Stunden am Tag Tageslicht.

266. Im Winter ist es den ganzen Tag und die ganze Nacht dunkel!

267. In der Antarktis gibt es keine Zeitzonen.

268. Adélie-Pinguine sind die häufigste Pinguinart, die hier lebt.

269. Neben den Adélie-Pinguinen leben nur noch die Kaiserpinguine auf dem antarktischen Kontinent.

270. Das Eis in der Antarktis kann bis zu zweieinhalb Meilen (4 Kilometer) dick sein, deshalb wird die Antarktis auch „der gefrorene Kontinent" genannt.

Länder

271. Die Vatikanstadt ist der kleinste Staat der Welt und befindet sich inmitten der Stadt Rom, Italien.

272. Russland ist das größte Land der Welt und ist fast doppelt so groß wie die Vereinigten Staaten.

273. Australien ist ein bisschen breiter als der Mond.

274. Frankreich ist das meistbesuchte Land der Welt.

275. Schweden hat mit fast 270.000 Inseln mehr Inseln als jedes andere Land.

276. In den Niederlanden fahren die meisten Menschen lieber Fahrrad, als zu Fuß zu gehen oder andere Fahrzeuge zu benutzen.

277. In Neuseeland gibt es mehr Familien mit Haustieren als irgendwo sonst auf der Welt.

278. Die bevölkerungsreichste Stadt der Welt liegt in Japan. Tokio hat fast so viele Einwohner wie ganz Kanada.

279. Die größte Stadt der Welt liegt in den Vereinigten Staaten. New York ist größer als Inseln wie Puerto Rico oder Jamaika.

280. China ist das Land mit den meisten Einwohnern auf der Welt, dicht gefolgt von Indien.

Berge

281. Die Oberfläche der Erde ist in Platten unterteilt, die tektonische Platten genannt werden. Je nach ihrer Größe werden sie als Haupt-, Neben- und Mikroplatten bezeichnet. Die Erde ist wie ein Puzzle!

282. Durch das Aufeinanderstoßen dieser Platten sind einige der Berge entstanden, die wir heute sehen können.

283. In anderen Fällen sind es die Vulkane, die Lavaansammlungen bilden, die nach dem Erkalten Berge formen.

284. Wenn sich tektonische Platten bewegen, brechen einige Unterwasservulkane aus und hinterlassen dabei Inselreihen, wie zum Beispiel Hawaii.

285. Der höchste Berg der Welt ist der Mount Everest.

286. Es gibt Bergführer, die darauf spezialisiert sind, Bergsteiger durch den Himalaya zu führen, wo sich der Mount Everest befindet, und die Sherpas heißen.

287. Anders als man meinen könnte, muss man beim Abstieg vom Mount Everest vorsichtiger sein als beim Aufstieg, da man leichter ausrutschen kann.

288. Einige der höchsten Berge befinden sich unter dem Meer.

289. Der höchste Punkt eines Berges ist der Gipfel.

290. Der Kilimandscharo ist der höchste Berg, der alleine steht, er ist nicht Teil eines Gebirgszuges und befindet sich in Afrika.

Flaggen

291. Es gibt 195 Länder auf der Welt und jedes Land hat seine eigene Flagge.

292. Die größte Flagge, die jemals hergestellt wurde, war die rumänische Nationalflagge. Sie war 1.145 (349 Meter) mal 7.445 Fuß (2269 Meter)groß, das sind etwa drei Fußballfelder.

293. Die nepalesische Flagge ist die einzige auf der Welt, die keine vier Seiten hat (sie besteht stattdessen aus zwei Dreiecken).

294. Zwei Länder haben quadratische Flaggen: Die Schweiz und die Vatikanstadt.

295. Die seltenste Farbe, die auf einer Flagge zu finden ist, ist lila.

296. Nur zwei Länder verwenden Lila in ihren Flaggen: Nicaragua und Dominica.

297. Die bunteste Flagge der Welt gehört zu Belize. Sie hat 12 verschiedene Farben.

298. Die älteste Flagge ist die Dänemarks, die seit 1625 verwendet und die jüngste ist die Flagge des Südsudans, die seit 2010 genutzt wird.

299. Jedes Jahr werden in den Vereinigten Staaten Tausende von Flaggen verbrannt, die in schlechtem Zustand und nicht mehr würdig sind, das Land zu repräsentieren.

300. Dieses große Feuer findet am Flaggentag, dem 14. Juni, in einer Zeremonie statt, die "Ceremony for Disposal of Unserviceable Flags" genannt wird.

Unterschiedliche Kulturen

301. Jedes Land hat unterschiedliche Kulturen und Rituale. Dazu gehören Dinge wie die Kleidung der Menschen, ihre Religion und das, was sie essen.

302. Es gibt über 7.000 verschiedene Sprachen auf der Welt.

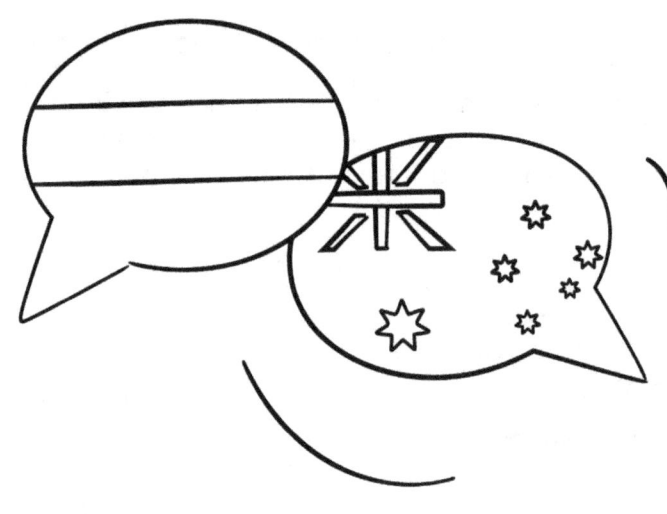

Ungewöhnliche Traditionen

303. Das ist der verrückteste englische Zungenbrecher: sixth sick sheik's sixth sheep's sick.

304. In der chinesischen Kultur gilt die Zahl vier als Unglückszahl.

305. In Irland kleidet sich jeder und alles ist grün geschmückt für den St. Patrick's Day und die Feierlichkeiten dauern vier Tage!

306. In Irland sind Kobolde Fabelwesen, die grüne Kleidung tragen und Töpfe mit Gold am Ende von Regenbögen versteckt haben.

307. Mohammed ist der beliebteste Name der Welt.

308. 43 Länder haben noch immer königliche Familien.

309. Es ist illegal, sich ohne Socken auf weniger als 300 Fuß (91 Meter) der Königin des Vereinigten Königreichs anzunähern.

310. Wenn du in Ägypten isst, gilt es als unhöflich, nach Salz für dein Essen zu fragen.

311. In Indien gibt es einen Schrein, in dem Neugeborene von einem 50 Fuß (15 Meter) hohen Turm fallen gelassen und in einem Sicherheitsnetz aufgefangen werden, weil sie glauben, dass dies Glück bringt.

312. Die größte Tomatenschlacht der Welt findet jedes Jahr in Spanien statt und wird Tomatina genannt.

313. In Indonesien gibt es jedes Jahr im November ein Fest für wilde Affen. Sie bekommen Früchte, Blumen und Kuchen!

314. In Polen hat man die Angewohnheit, bei der Landung von Flugzeugen zu applaudieren.

315. In Österreich und anderen Ländern der Region gilt Fingerhakeln als ernsthafter Sport.

316. In Dänemark nehmen Menschen, die 25 Jahre alt werden und noch Single sind, an einem Ritual teil, bei dem sie mit Zimt beworfen werden.

317. In Brasilien wird die Avocado nicht in Salaten oder Sandwiches verwendet, sondern in Desserts, Eiscreme oder Smoothies, weil sie dort wie eine Frucht behandelt wird (was sie in Wirklichkeit auch ist).

318. In Spanien gibt es ein Fest, bei dem Pappfiguren verbrannt werden. Die Künstler brauchen ein ganzes Jahr, um sie zu bauen, und sie können über 65 Fuß (20 Meter) hoch sein.

319. In Österreich wird am 6. Dezember nicht nur die Ankunft des Weihnachtsmanns gefeiert, sondern auch die seines bösen Zwillings, des Krampus.

320. Es gibt eine Stadt in Deutschland, in der es Tradition ist, alle Dekorationen aus den Regalen zu entfernen, wie zum Beispiel Teller oder Vasen, bevor eine Hochzeit stattfindet. Spiegel sind jedoch nicht erlaubt!

Mode

321. Für die Herstellung eines Baumwollhemdes werden über 300 Gallonen (1136 Liter) Wasser benötigt, und für ein Paar Turnschuhe werden nicht weniger als 1.200 Gallonen (4542 Liter) Wasser benötigt.

322. Es kann über 40 Jahre dauern, bis sich Kleidung zersetzt.

323. In manchen Gegenden ist es üblich, dass Männer Röcke tragen, z.B. Togas oder Kilts.

324. In dem Dorf „Spielplatz" in Großbritannien tragen die Menschen keine Kleidung.

325. Im alten Europa trugen die Menschen hohe Schuhe, sogenannte Chopines, um ihre Kleidung vor den schmutzigen Straßen zu schützen. Manche waren 20 Zentimeter hoch!

326. Während eines Teils des 16. und 17. Jahrhunderts galten große Stirnen als schön. Frauen zupften sich die Haare aus, um sie größer aussehen zu lassen!

327. Mit der Erfindung des Autos wurden die Röcke kürzer, damit die Frauen leichter in die Autos einsteigen konnten.

328. Während des Zweiten Weltkriegs war Nylon rar, deshalb färbten Frauen ihre Beine so, dass es aussah, als würden sie Strümpfe tragen.

329. Die alten Ägypter hielten echtes Haar für schmutzig. Sie rasierten es ab und trugen stattdessen schicke Perücken.

330. Die Frauen im antiken Griechenland hellten ihre Haut mit Blei auf!

Geld

331. Die ersten Münzen wurden vor über 2.500 Jahren hergestellt.
332. Papiergeld wurde in China vor etwa 1.000 Jahren geschaffen.
333. Die ersten Kreditkarten wurden in den 1920er Jahren in den Vereinigten Staaten benutzt.
334. Das Gesicht von Benjamin Franklin ist auf dem 100-Dollar-Schein zu sehen.
335. Alte Münzen und Geldscheine sind Sammlerstücke und sehr wertvoll.
336. Das Motto der ersten Münze der Vereinigten Staaten war "Mind Your Business" auf der einen Seite und "We Are One" auf der anderen.
337. Die britische Fünf-Pfund-Note kann wie eine Nadel Schallplatten abspielen.
338. Einer der seltensten Geldscheine ist ein 1.000-Dollar-Schein aus den späten 1800er Jahren, der von einem Sammler für über 2 Millionen Dollar erworben wurde.
339. Auf einer Münze befinden sich mehr Keime als auf einem Toilettensitz.
340. Jedes Jahr wird in den Vereinigten Staaten mehr Monopoly-Geld gedruckt als echtes Geld.

Bonus-Fakten

341. Die größte heiße Wüste der Welt ist die Sahara, die sich in Afrika befindet.
342. Die Arktis und die Antarktis gelten als kalte Wüsten und sind viel größer.
343. Der am schwierigsten auszusprechende Ortsname liegt in Wales: Llanfairpwllgwyngyll.
344. In Kalifornien leben mehr Menschen als in ganz Kanada.
345. Der ursprüngliche Name von Los Angeles, Kalifornien, ist El Pueblo de Nuestra Señora la Reina de los Angeles del Río de Porciúncula, weil es eine spanische Siedlung war.
346. Russland und die Vereinigten Staaten sind an ihrem engsten Punkt nur 2,4 Meilen (ca. 4 Kilometer) voneinander entfernt.
347. Russland ist über elf Zeitzonen verteilt.
348. Die Kanarischen Inseln sind nach Hunden benannt, nicht nach Vögeln.
349. Die kleinsten Menschen der Welt leben in Indonesien.
350. Japan ist das Land mit den meisten Erdbeben, weil es sich in einem sehr aktiven Erdbebengebiet liegt.

Kapitel 4:

SPORT

Die Olympischen Spiele

351. Die Olympischen Spiele finden in jedem Schaltjahr (alle vier Jahre) statt.

352. Die olympischen Goldmedaillen sind eigentlich aus Silber und mit Gold überzogen.

353. Die fünf Ringe der olympischen Ringe stehen für fünf Kontinente: Amerika (Nord- und Südamerika zusammen), Asien, Afrika, Europa und Ozeanien (eine Region, die Australien einschließt). Die Antarktis hat keine Bürger und nimmt daher nicht teil.

354. Jedes olympische Spiel hat sein eigenes Maskottchen.

355. Bei den Paralympischen Spielen treten Sportlerinnen und Sportler mit verschiedenen körperlichen Beeinträchtigungen an.

356. Die Olympischen Spiele wurden bisher nur während des Ersten Weltkriegs 1916, des Zweiten Weltkriegs 1940 und 1944 und wegen des Kovid-19 im Jahr 2020 abgesagt.

357. Jede Ausgabe der Olympischen Spiele findet in einem anderen Land statt, das sieben Jahre im Voraus ausgewählt wird.

358. Tauziehen war zwischen 1900 und 1920 eine olympische Sportart und gehörte zum Leichtathletikprogramm.

359. Die gefährlichste olympische Sportart ist Freestyle Aerial Skiing. Die Wettkämpfer machen Sprünge von bis zu 65 Fuß (20 Meter) und vollführen Saltos und Drehungen in der Luft.

360. Bei den Olympischen Spielen im antiken Griechenland traten die Athleten ohne Kleidungan.

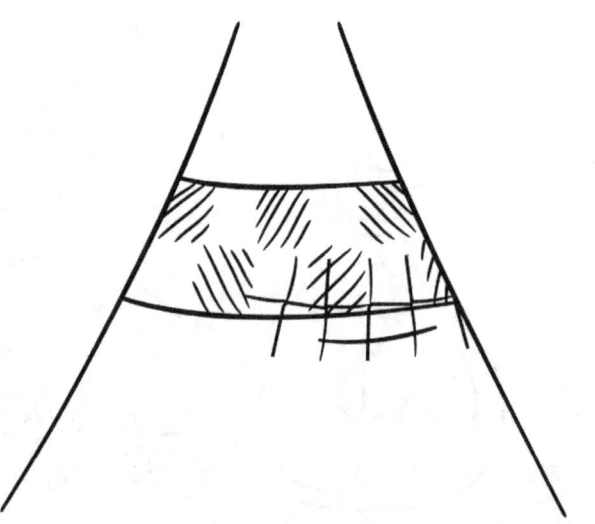

Ballsport

361. Schiedsrichter laufen mehr als die Spieler bei einem Fußballspiel. Sie laufen oft mehr als 7 Meilen (ca. 12 Kilometer) in einem Spiel.

362. Die ersten Golfbälle waren aus Holz und wurden komplett von Hand hergestellt.

363. Ein Baseball hat genau 108 Maschen.

364. Der Rasen in Wimbledon ist 5 cm lang. Er war viel länger, bis eine Schlange 1949 einen Spieler biss.

365. Das längste Tennismatch aller Zeiten dauerte 11 Stunden und fünf Minuten über drei Tage.

366. Im Jahr 1957 wurde eine Frau von einem Baseball im Gesicht getroffen. Als die Sanitäter sie wegtrugen, wurde sie von einem zweiten Ball getroffen!

367. Tennisbälle waren früher weiß statt gelb.

368. Auf der Wimbledon-Trophäe befindet sich eine Ananas.

369. Beim Eröffnungsspiel jeder Rugby-Weltmeisterschaft ertönt dieselbe Pfeife. Sie ist über 100 Jahre alt.

370. Das schnellste Tor, das je im Fußball erzielt wurde, konnte nach 2,4 Sekunden geschossen werden.

Wassersport

371. Synchronschwimmen kombiniert Schwimmen, Ballett und Gymnastik.

372. Bei den Olympischen Spielen 1928 schlug der Sieger im Rudern alle anderen, obwohl er während des Rennens anhielt, um eine Entenfamilie vorbeizulassen.

373. Die längste Zeit, die jemand auf einer einzigen Welle gesurft ist, betrug 37 Minuten.

374. Der Rekord für den höchsten freien Fall in einem Kajak liegt bei 189 Fuß (57,5 Meter). Das ist so, als würde man von einem 20-stöckigen Gebäude fallen!

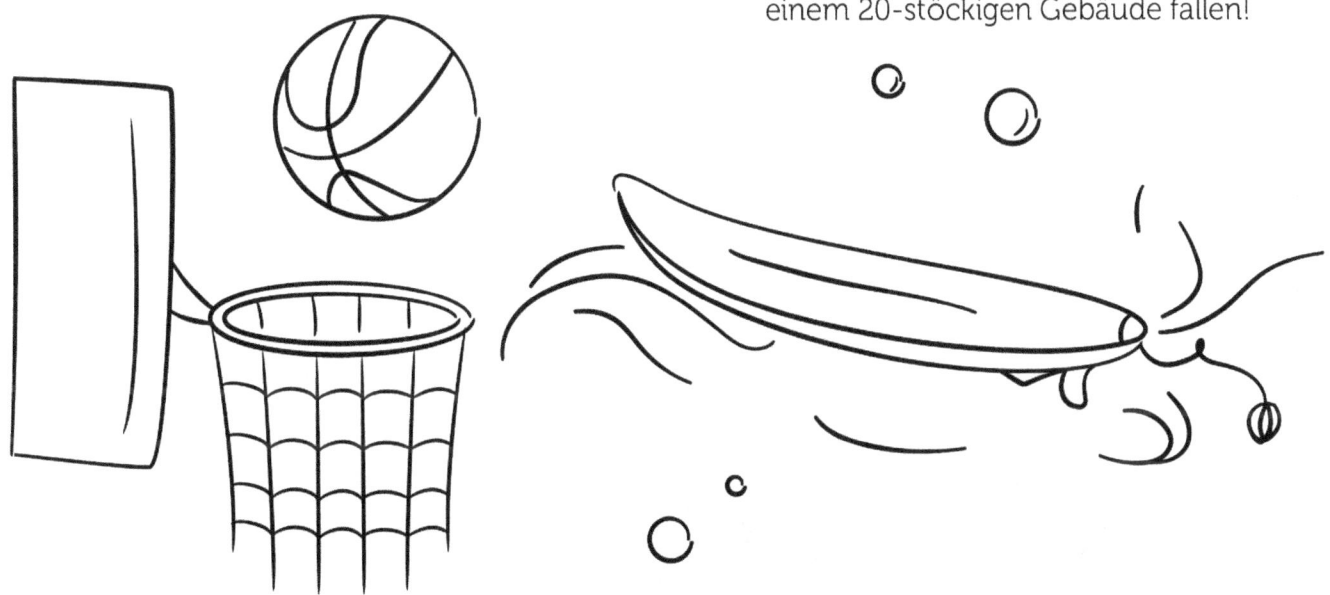

375. Mehr als die Hälfte der Menschen auf der Welt kann nicht schwimmen.

376. Der größte Pool der Welt liegt in Chile und ist mehr als eine halbe Meile (800 Meter) lang.

377. Der erste Transatlantiker mit eigenem Schwimmbecken war die Titanic.

378. Die ersten Schwimmbrillen wurden aus Schildkrötenpanzern hergestellt.

379. Freitaucher können 10 Minuten lang die Luft anhalten.

380. Die beliebteste Wassersportart ist Segeln, gefolgt von Kitesurfen.

Wintersportarten

381. Ein olympischer Snowboarder kann vier Stockwerke hoch springen.

382. Skijöring ist ein Sport, bei dem eine Person auf Skiern von Hunden oder einem Pferd gezogen wird.

383. Yukigassen ist eine japanische Sportart, bei der sich zwei Teams eine Schneeballschlacht liefern.

384. Das erste Snowboard wurde Snurfer genannt.

385. Das Schlittschuhlaufen wurde in Schweden von den Wikingern erfunden.

Radfahren

386. Die erste Frau radelte 1984 um die Welt und brauchte dafür 15 Monate.

387. Über 100 Millionen Fahrräder werden jedes Jahr produziert.

388. Das längste Tandemfahrrad bot Platz für 35 Personen und war 30 Meter lang.

389. Die schnellste Geschwindigkeit, die jemals jemand auf einem Fahrrad gefahren ist, beträgt 183,9 Meilen (295 Kilometer) pro Stunde und wurde 2018 von einer amerikanischen Radfahrerin erreicht.

390. Fünfzehn Fahrräder brauchen den gleichen Platz wie ein einziges Auto, sie sind viel billiger im Unterhalt und verschmutzen nicht.

Laufen

391. Der Erfinder des Wortes "Joggen" hatte beim Joggen einen Herzinfarkt.

392. In Wales gibt es einen Marathon, bei dem menschliche Läufer gegen Pferde antreten. Die Menschen haben nur zweimal gewonnen.

393. Der Weltrekord für den schnellsten Marathon beim Rückwärtslaufen liegt bei 3:43:39.

394. Seit der griechischen Antike nehmen Läuferinnen und Läufer vor dem Rennen Energydrinks zu sich.

395. Es gibt Marathons an so schwierigen Orten wie der Wüste, dem Nordpol oder dem Mount Everest.

Boxen

396. Das Boxen wurde im antiken Griechenland erfunden, wo der Gott Apollo als sein Erfinder und Beschützer galt, und es wurde "Pygmachia" genannt.

397. Der Boxring heißt so, weil er früher rund war.

398. Der längste Boxkampf ging über 110 Runden und dauerte mehr als sieben Stunden.

399. Der offizielle Name des Boxens ist Pugilismus.

400. Es ist gefährlicher, mit Handschuhen zu kämpfen als ohne sie.

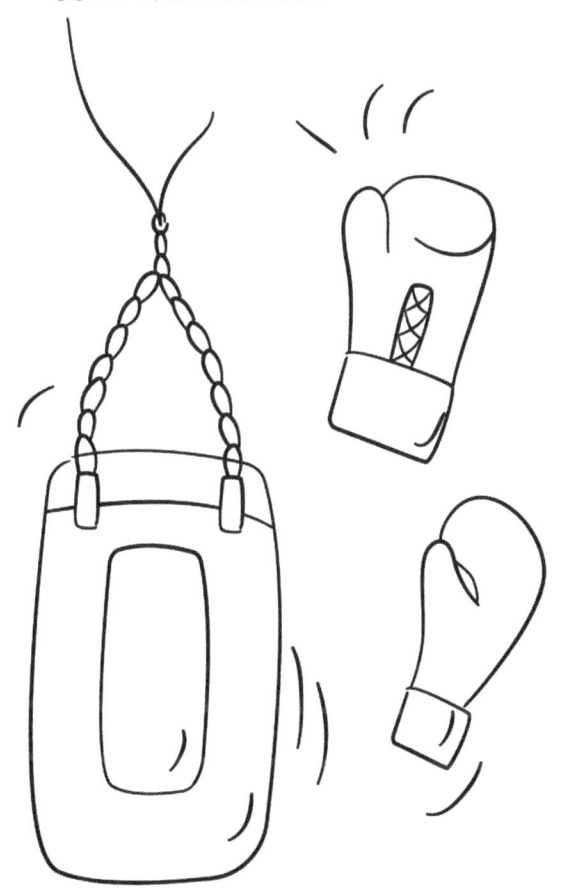

Autorennen

401. Nissan, eine japanische Automarke, verwendet die Nummer 23 nur für seine Rennwagen.

402. Nissan ist ein Wortspiel, denn im Japanischen werden die Zahlen zwei und drei als "ni" und "san" ausgesprochen.

403. Deutsche Rennwagen sind immer Silber, das ist die nationale Rennfarbe Deutschlands.

404. Deshalb tragen ihre Rennwagen auch den Spitznamen "Rennpfeile".

405. Der Auspuff eines Formel-1-Autos wird so heiß, dass Aluminium geschmolzen wird.

406. Bei Rennen durch Städte (wie Monaco) müssen Kanaldeckel heruntergeschweißt werden, sonst würden sie von den Autos aufgesaugt werden.

407. Der durchschnittliche Boxenstopp in der Formel 1 dauert etwa 2,4 Sekunden.

408. Ein Formel-1-Fahrer, der eine Kurve fährt, spürt mehr Druck als ein Astronaut bei einem Raketenstart.

409. Frühe Rennwagen verbrauchten bis zu 40 Gallonen (150 Liter) Benzin pro 60 Meilen (96,5 Kilometer) Rennstrecke. Das ist die Menge an Wasser, die wir innerhalb von 50 Tage trinken sollten!

410. Es wurden jedoch Anstrengungen unternommen, den Kraftstoffverbrauch zu senken, um den Sport nachhaltiger zu machen, und die heutigen Autos verbrauchen nur noch 9 Gallonen (34 Liter) pro 60 Meilen (96,5 Kilometer) Rennstrecke.

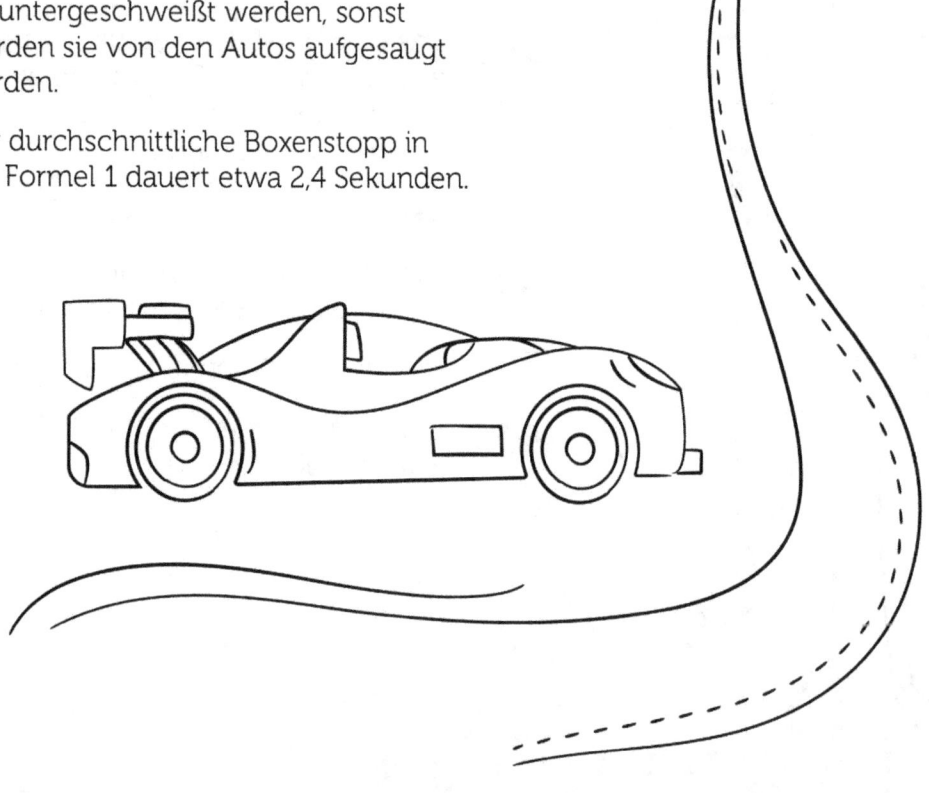

Bonus-Fakten

411. Quidditch, das Spiel, das in den Harry Potter-Romanen berühmt wurde, ist jetzt ein offiziell anerkannter Sport.

412. Professionelle Pferdereiter, die an Rennen teilnehmen, werden Jockeys genannt.

413. 1923 erlitt ein Jockey während eines Pferderennens einen Herzinfarkt, aber er konnte das Rennen trotzdem gewinnen.

414. Der Weltrekord für den längsten Pfeil- und Bogenschuss liegt bei 930 Fuß (283 Meter).

415. Der Rekordhalter hatte keine Arme und benutzte den Bogen mit seinen Füßen.

416. Lichtschwertduelle, wie in Star Wars, sind in Frankreich als Wettkampfsport anerkannt.

417. Ringen gilt als die älteste Sportart der Welt.

418. Es gibt über 15.000 Jahre alte Höhlenmalereien, die Ringer in allen Teilen der Welt zeigen.

419. Im Laufe seines Lebens läuft ein Mensch im Durchschnitt so viel, dass er viermal die Erde umrundet.

420. Der Weltrekord für die meisten Liegestütze hintereinander liegt bei 10.507.

421. Wilt Chamberlain erzielte 1962 in einem einzigen NBA-Basketballspiel 100 Punkte, und niemand hat diesen Rekord bisher gebrochen.

422. Der Weltrekord im Weitsprung liegt bei 29 Fuß und 4 Zoll (ca. 9 Meter). Das ist länger als ein Bus!

423. Golf war die erste Sportart, die auf dem Mond gespielt wurde.

424. Die zweite war Speerwurf.

425. Beide Sportarten wurden bei der Mondolympiade 1971 gespielt und wir verdanken sie der Besatzung der Apollo 14 Mission.

426. Golfbälle haben zwischen 300 und 500 Dimples (Vertiefungen).

427. Die beliebteste Sportart der Welt ist Fußball.

428. BASE-Jumping ist der gefährlichste Extremsport.

429. Beim BASE-Jumping springen die Menschen von einem Gebäude, Mauern, Gerüsten oder vom Boden selbst, wofür BASE steht.

430. Badminton wurde früher "Poona" genannt.

Kapitel 5:

NAHRUNG

Früchte

431. Kürbisse sind eigentlich Früchte und kein Gemüse!

432. In Afrika wurden Wassermelonen benutzt, um Wasser durch die Wüste zu tragen.

433. Äpfel und Bananen können schwimmen. Versuche es das nächste Mal, wenn du im Schwimmbad bist!

434. Bananen schwimmen aber nur, wenn sie ihre Schale haben, wenn wir sie entfernen, sinken sie.

435. Es gibt so viele Apfelsorten, dass du 20 Jahre brauchen würdest, um sie alle zu probieren, wenn du jeden Tag einen anderen Apfel essen würdest.

436. Äpfel geben dir mehr Energie als Kaffee.

437. Weintrauben explodieren in der Mikrowelle.

438. Erdbeeren sind die einzigen Früchte, die ihre Kerne außen haben.

439. Egal, wie sie heißen, Erdbeeren und Brombeeren sind keine Beeren.

440. Und auch wenn es nicht so aussieht, sind Bananen tatsächlich Beeren.

441. Frische Cranberries können wie ein Ball hüpfen.

442. Genau wie Avocados sind auch Tomaten Früchte und kein Gemüse.

443. Die größte Tomate der Welt wog etwas mehr als 10 Pfund und 12 Unzen (ca 5 Kg) Das ist so schwer wie eine große Katze!

444. Die ersten Tomaten, die in Europa angebaut wurden, waren gelb, deshalb nennt man sie auf Italienisch "pomodoro", was von "pomo d'oro" kommt und "goldener Apfel" bedeutet.

445. Als sich rote Tomaten zu verbreiten begannen, nannte man sie in Frankreich "pomme d'amour", was "Apfel der Liebe" bedeutet.

Fakten für Kinder

Gemüse

446. Es gab nicht immer orangefarbene Karotten, früher waren sie nur lila und gelb!

447. 90% des Brokkoli in Amerika kommt aus Kalifornien.

448. Die Schale von Gurken kann Kugelschreibertinte wegwischen. Probiere es aus!

449. Edamame, das sind Sojabohnen in der Schote, ist das Gemüse mit dem höchsten Proteingehalt.

450. Kartoffeln waren das erste Gemüse, das im Weltraum wuchs.

451. Wenn du zu viele Karotten isst, kann sich deine Haut orange verfärben.

452. Auberginen werden auch „verrückte Äpfel" genannt.

453. Das liegt daran, dass sie früher roh gegessen wurden und eine Substanz enthalten, die Halluzinationen hervorrufen kann und nur verschwindet, wenn sie gekocht werden.

454. Auberginen gelten als Gemüse, sind aber eigentlich Beeren.

455. Gurken und Kürbisse sind auch Beeren.

456. Wenn du viele Zwiebeln isst, wirst du schläfrig.

457. Grüne und rote Paprika sind keine verschiedenen Sorten, aber grüne Paprika werden rot, wenn sie reif werden.

458. Eine Kartoffel besteht zu 80% aus Wasser.

459. Eine Maisähre enthält fast tausend Körner.

460. Romanesco ist das Gemüse mit dem interessantesten Muster. Er hat eine spiralförmige Form, die aus vielen unterschiedlich großen Knospen besteht, und eine sehr auffällige grüne Farbe.

Nüsse

461. Erdnüsse sind Hülsenfrüchte, keine Nüsse.

462. Sie wachsen unterirdisch in Schoten.

463. Mandeln gehören zu den Pfirsichgewächsen.

464. Kiefernzapfen enthalten eine essbare Nuss, die Piniennuss.

465. Wenn Erdnussöl verarbeitet wird, erhält man einen der Inhaltsstoffe von Dynamit.

466. Damit Mandeln wachsen können, muss eine Biene die Mandelblüten bestäuben.

467. Die alten Griechen glaubten, Haselnüsse könnten Kahlheit heilen.

468. Und es stimmt, dass sie ein Vitamin enthalten, das das Haarwachstum fördert und Haarausfall vorbeugt, obwohl es ihn nicht heilt.

469. Cashews gehören zur gleichen Familie wie der Giftefeu.

470. Obwohl Muskatnuss das Wort "Nuss" enthält, handelt es sich nicht um eine Nuss, sondern um einen Samen.

471. Walnüsse helfen dir, ein gutes Gedächtnis zu haben.

472. Wenn sich die Schale der Pistazien öffnet, scheint es, als würden sie lächeln, deshalb werden sie mancherorts auch "glückliche Nüsse" genannt.

473. Pistazien und Mangos gehören zur gleichen Familie von Bäumen.

474. Die Nussschale von Paranüssen kann fast 5 Pfund (2 Kg) wiegen.

475. Nur zwei Sorten der Macadamianüsse sind essbar, alle anderen sind giftig.

Bonus-Fakten

476. Kaffeeweißer, Salatdressing und andere weiße Lebensmittel enthalten manchmal Titandioxid, das auch in Plastik und Sonnenschutzmitteln enthalten ist.

477. Der Grund dafür ist, dass Titandioxid ein hervorragender weißer Lebensmittelfarbstoff und auch ein großartiger Filter für unsere Haut ist.

478. Der Verzehr von zu viel Muskatnuss kann zu Halluzinationen führen.

479. Natürlicher roter Lebensmittelfarbstoff wird aus einem Insekt namens Cochenille gewonnen.

480. Unser Geruch ist ein wichtiger Bestandteil des Geschmacks. Wenn wir also nicht sehen können, was wir essen und uns die Nase zuhalten, können wir den Geschmack eines Apfels und einer Zwiebel nicht unterscheiden.

481. Kaugummis wurden früher aus dem Saft eines Baumes namens "Chicle" hergestellt.

482. Lachse sind eigentlich grau. Sie werden orange, weil die Krebse, die sie fressen, diese Farbe haben.

483. In Fischfarmen fressen Lachse keine Krustentiere, deshalb werden sie mit Vitaminen gefüttert, damit sie orange werden.

484. Dosen mit Diätlimonade schwimmen im Wasser, während Dosen mit normaler Limonade sinken.

485. Manche Kaugummis und Pralinen werden mit Carnaubawachs hergestellt, dem Wachs einer Palme, das auch in Cremes oder Lippenstiften verwendet wird.

486. Apfelkuchen wurde zuerst in Großbritannien hergestellt und von den britischen Kolonisatoren nach Amerika gebracht.

487. Das Eis am Stiel wurde von einem 11-jährigen Jungen erfunden.

488. Feigen sind eigentlich Blumen und keine Früchte.

489. Pfundskuchen haben ihren Namen von ihrem ursprünglichen Rezept, für das ein Pfund Butter, ein Pfund Zucker und ein Pfund Eier benötigt wurden.

490. Das Lebensmittel, das am häufigsten gestohlen wird, ist Käse.

Kapitel 6:

WETTER

Wind

491. Du kannst den Wind nur hören, wenn er gegen etwas bläst.

492. Das Geräusch, das er erzeugt, heißt Äolischer Klang.

493. Windfahnen werden benutzt, um die Richtung des Windes zu bestimmen.

494. Wenn du auch seine Geschwindigkeit messen willst, solltest du ein Instrument benutzen, das Anemometer heißt.

495. Die Flaute ist ein Gebiet rund um den Äquator, in dem Segelschiffe oft tagelang festsitzen, weil es fast keinen Wind gibt.

496. Der schnellste Wind, der jemals gemessen wurde, hatte eine Geschwindigkeit von 253 Meilen pro Stunde (400 km/h) während eines Hurrikans vor Barrow Island, Australien.

497. Saturn hat die stärksten Winde in unserem Sonnensystem. Über 1.100 Meilen pro Stunde (1770 km/h)!

498. Eine der wichtigsten Funktionen des Windes ist es, Samen zu transportieren, um sie zu verstreuen.

499. Wind kann elektrische Energie erzeugen, das nennt man Windkraft.

500. Dinge, die mit dem Wind zu tun haben, werden "äolisch" genannt, nach dem griechischen Gott der Winde, Aeolus.

Wolken

501. Eine Wolke ist eine Ansammlung von Millionen von Wassertröpfchen. Wenn du eine berührst, wird deine Hand nass!

502. Auch andere Planeten haben Wolken. Jupiter und Saturn haben Wolken, die aus Ammoniak bestehen, das wie Bleiche riecht.

503. Wolken sind nicht schwerelos.

504. Flauschige Zirruswolken bestehen aus Eiskristallen.

505. Das liegt daran, dass diese Art von Wolken so hoch sind, dass die Wassertröpfchen gefrieren.

506. Die höchsten Wolken in unserer Atmosphäre werden Nachtleuchtende Wolken genannt.

507. Sie sind nur im Sommer am Ende der Dämmerung, kurz vor Einbruch der Dunkelheit, sichtbar.

508. Es gibt zehn Arten von Wolken, je nach dem Klima, mit dem sie verbunden sind, der Höhe, in der sie erscheinen, ihrer Größe und ihrer Farbe.

509. Die bauschigen, baumwollartigen Wolken werden Kumuluswolken genannt.

510. Wolken, die schwere Regenfälle und Gewitter mit sich bringen, werden Kumulonimbuswolken genannt.

Regen

511. Regen enthält Vitamine.

512. Das liegt daran, dass es in der Luft kleine Organismen gibt, die Vitamine produzieren, und der Regen trägt sie beim Fallen herunter.

513. In einer Stadt in Honduras regnet es jedes Jahr kleine Silberfische vom Himmel!

514. Die wahrscheinlichste Erklärung ist, dass sie während der heftigen tropischen Regenfälle in der Gegend von Wasserhosen getragen werden.

515. Der Ort auf der Welt, an dem es am wenigsten regnet, ist die Antarktis.

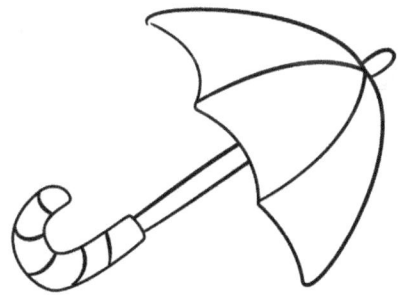

516. Auf dem Mount Waialeale in Hawaii regnet es bis zu 350 Tage im Jahr.

517. Wenn Wolken auf die Bäume treffen, kondensieren die Wassertröpfchen und fallen herab. Das nennt man horizontalen Regen.

518. Phantomregen ist Regen, der verdunstet, bevor er den Boden erreicht.

519. Auf der Venus regnet es kein Wasser, sondern eine Säure, die fast alles schmelzen kann, aber verdunstet, bevor sie den Boden erreicht.

520. Wissenschaftlerinnen und Wissenschaftler glauben, dass es auf dem Saturn, Uranus, Jupiter und Neptun kein Wasser, sondern Diamanten regnet.

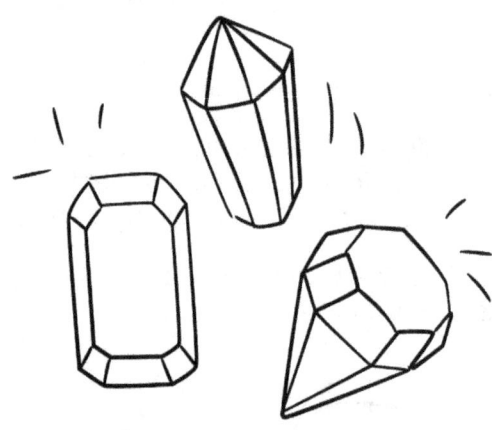

Blitze

521. Die Angst vor Blitzen wird Keraunophobie genannt.

522. Wenn ein Blitz in Sand einschlägt, können die Körner zu einer glasartigen Röhre verschmelzen, die Fulgurit genannt wird.

523. Ein Blitz ist so breit wie der Daumen eines Mannes.

524. Blitze helfen Pflanzen beim Wachsen.

525. In Venezuela schlagen die meisten Blitze der Welt ein, manchmal bis zu 40.000 pro Nacht!

526. Das Empire State Building wird fast zweimal im Monat vom Blitz getroffen.

527. Ein Blitz ist fünfmal heißer als die Sonne.

528. Eichen werden häufiger vom Blitz getroffen als alle anderen Baumarten.

529. Ein Blitz hat genug Energie, um 250 Milliarden Glühbirnen zu entzünden.

530. Diese Energie würde ausreichen, um fast 40.000 Häuser eine Stunde lang zu beleuchten.

Stürme, Hurrikans, Tornados

531. Zu jedem Zeitpunkt gibt es durchschnittlich 2.000 aktive Gewitter auf unserem Planeten.

532. Stürme werden von Meteorologen untersucht.

533. Ein Tsunami bewegt sich so schnell wie ein Düsenflugzeug.

534. Hurrikane drehen sich auf der Südhalbkugel im Uhrzeigersinn und im Norden gegen den Uhrzeigersinn.

535. Sie werden auch als Zyklone und Taifune bezeichnet.

Bonus Fakten

536. Der einzige Unterschied zwischen diesen Namen ist, dass die Wirbelstürme, die im nordwestlichen Pazifik auftreten, Taifune genannt werden.

537. Der größte jemals aufgezeichnete Hurrikan ist Taifun Tip.

538. Taifun Tip ereignete sich 1979 und war halb so groß wie die Vereinigten Staaten!

539. Ein Hurrikan setzt pro Sekunde so viel Energie frei, wie 10 Atombomben.

540. Manche Tornados bewegen sich schneller als Formel-1-Rennwagen.

541. Wenn du die Zirpen einer Grille zählst, kannst du die Temperatur bestimmen.

542. Sandstürme können ganze Städte bedecken.

543. Schlammlawinen können Gebäude und riesige Bäume mitreißen.

544. Mildes Herbstwetter kann größere Spinnen in die Häuser locken.

545. Eine starke Hitzewelle kann Eisenbahnschienen verbiegen!

546. Im Jahr 2001 regnete es in einer Region in Südindien mehrere Monate lang rot.

547. Die Farbe war auf Algensporen zurückzuführen, die in der Luft waren und vom Regen heruntergespült wurden.

548. Würmer kommen aus dem Boden, bevor es regnet.

549. Waldbrände können Tornados aus Feuer erzeugen.

550. Diese feurigen Wirbelstürme werden Feuerwirbel genannt.

551. 1972 gab es im Iran einen so großen Schneesturm, dass 200 ganze Städte unter einer Schneedecke von mehr als drei Metern lagen.

552. Glatteis macht den Bürgersteig unglaublich rutschig.

553. Das Eis ist nicht wirklich schwarz, sondern nur, weil man den Bürgersteig hindurch sehen kann.

554. Manche Frösche machen viel mehr Lärm, kurz bevor es regnet.

555. Starke Wasserspeier (Luftsäulen, die über Wasser wirbeln) können Meerestiere regnen lassen.

556. 1995 gab es in Texas einen Sturm mit Hagelkörnern, die größer als Baseballs waren.

557. Der Hurrikan John hielt einen ganzen Monat lang an.

558. Die Umweltverschmutzung bildet einen gefährlichen Schutzschild um die Erde, der verhindert, dass die Wärme entweicht. Das nennt man den Treibhauseffekt.

559. Der Wärmestau erwärmt unseren Planeten und lässt das Eis in der Arktis und Antarktis schmelzen.

560. Jedes Jahr gibt es weltweit mehr als 16 Millionen Gewitterstürme.

Kapitel 7:

DER MENSCHLICHE KÖRPER

Knochen

561. Erwachsene haben 206 Knochen in ihrem Körper, aber sie werden mit 300 Knochen geboren. Einige von ihnen verschmelzen, wenn wir erwachsen werden.

562. Der kleinste Knochen in deinem Körper ist der Steigbügel, der sich in deinem Ohr befindet.

563. Der längste, größte und stärkste Knochen in deinem Körper ist der Oberschenkelknochen.

564. Die Knochen werden an den Gelenken von Bändern zusammengehalten, die Ligamente genannt werden.

565. Jeder unserer Füße hat 26 Knochen.

566. Die Knochen von Kindern heilen schneller als die von Erwachsenen, wenn sie brechen.

567. Frakturen (gebrochene Knochen) brauchen sechs bis acht Wochen, um zu heilen.

568. Giraffen und Menschen haben die gleiche Anzahl von Knochen im Hals.

569. Deine Knochen sind lebendig, genau wie dein Blut und deine Organe.

570. Weniger als 1% der Menschen werden mit einer zusätzlichen Rippe geboren, die praktisch am Hals sitzt.

Muskeln

571. Dein Körper hat mehr als 600 Muskeln.

572. Der stärkste Muskel im Vergleich zu seiner Größe ist der Masseter, der Kiefermuskel.

573. Dein am härtesten arbeitender Muskel ist dein Herz, das jeden Tag 2.000 Liter Blut pumpt.

574. Muskeln können Knochen nicht schieben, sie können sie nur ziehen.

575. Deshalb haben wir Muskeln, die unsere Finger zur Handfläche ziehen, um sie zu schließen, und andere, die sie in die entgegengesetzte Richtung ziehen, um sie zu öffnen.

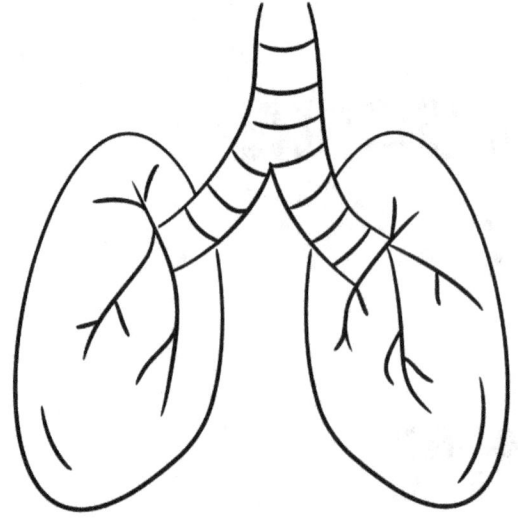

576. Die Ränder der Muskeln, an denen sie mit anderen Muskeln verbunden sind, nennt man Sehnen.

577. Muskeln bestehen hauptsächlich aus Wasser.

578. Du hast mehr als 30 Muskeln in deinem Gesicht.

579. Der größte Muskel deines Körpers ist der Gesäßmuskel (Gluteus maximus) und befindet sich in deinem Po.

580. Das Zwerchfell ist ein großer Muskel unter deiner Lunge, der dir beim Atmen hilft.

Gehirn

581. Die Zellen, aus denen das Gehirn besteht, heißen Neuronen.

582. Dein Gehirn schwimmt in Flüssigkeit in deinem Schädel.

583. Das Gehirn sieht aus wie eine Walnuss.

584. Es kann keinen Schmerz empfinden.

585. Wenn du wach bist, kann dein Gehirn eine Leistung von 25 Watt erzeugen, genug, um eine Glühbirne zu betreiben.

586. Die Blutgefäße in deinem Gehirn sind von Ende zu Ende 400 Meilen (644Km) lang.

587. Bei der Präparation einer Mumie nahmen die Ägypter das Gehirn durch die Nase heraus.

588. Das Gehirn fühlt sich wie festes Gelee an, wenn du es berührst.

589. Je intensiver du denkst, desto mehr Sauerstoff verbraucht dein Gehirn.

590. Lautes Lesen beansprucht andere Teile deines Gehirns als stilles Lesen.

Haut

591. Jeden Tag verlieren wir Millionen von Hautzellen und damit im Laufe unseres Lebens durchschnittlich die Hälfte unseres Körpergewichts.

592. Narben sind anders als normale Haut. Sie haben keine Schweißdrüsen und können keine Haare wachsen lassen.

593. Deine Haut ist wasserfest.

594. Vitiligo ist eine Krankheit, die zu Verfärbungen in Flecken auf der Haut führt.

595. Die Haut ist das größte Organ des Körpers.

596. Die dickste Haut befindet sich an den Fußsohlen und den Handflächen.

597. Die dünnste Haut befindet sich auf deinen Augenlidern.

598. Die Lehre von der Haut wird Dermatologie genannt.

599. Albino-Menschen haben keine Pigmente in ihrer Haut.

600. Alle 28 Tage erneuert der Körper alle Hautzellen.

Haare und Nägel

601. Deine Fingernägel wachsen doppelt so schnell wie deine Fußnägel.

602. Die Haare im Gesicht eines Mannes wachsen schneller als irgendwo sonst am Körper. Wenn sie sich nie rasieren würden, würde ihr Bart über 30 Fuß (9 Meter) lang werden - länger als der eines Killerwals!

603. Naturblondinen haben die meisten Haare und Rothaarige haben die wenigsten.

604. Im Durchschnitt verlieren wir zwischen 50 und 100 Haare und jedes von ihnen hat 2 bis 7 Jahre mit uns gelebt.

605. Haare und Nägel bestehen aus Keratin, dem gleichen Material, aus dem auch die Hörner, Hufe, Klauen, Federn und Schnäbel von Tieren bestehen.

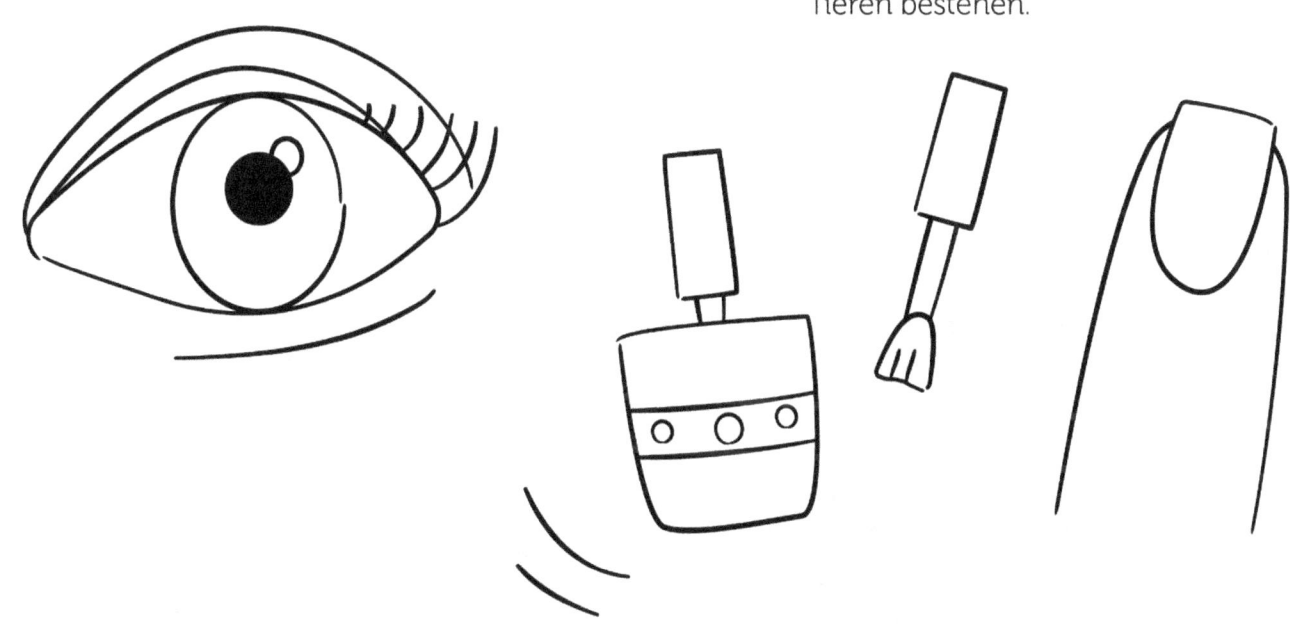

Fakten für Kinder **45**

606. Dein Haar wächst im Sommer schneller.

607. Die Nägel sind unempfindlich. Das, was wir fühlen, ist die Haut darunter.

608. Jedes Haar kann 3,5 Unzen fassen. Da du etwa 120.000 Haare auf deinem Kopf hast, könnten sie technisch gesehen das Gewicht von zwei Elefanten halten.

609. Onychophagie ist der schicke Ausdruck für das Beißen von Nägeln.

610. Albino-Menschen haben keine Pigmente in ihren Haaren oder Augen

Verdauung

611. Dein Dünndarm ist dein größtes inneres Organ.

612. Er kann zwischen 10 und 35 Fuß lang sein, je nachdem, wie groß eine Person ist.

613. Du furzt etwa 14 Mal am Tag.

614. Jeder Furz verlässt deinen Körper mit 7 Meilen pro Stunde (11 Km/h), schneller als ein Krokodil schwimmen kann.

615. Dein Darm bewegt sich wie eine Welle, um die Nahrung nach unten zu befördern. Das nennt man Peristaltik

616. Dein Körper kann die Nahrung so bewegen, auch wenn du auf dem Kopf stehst.

617. Wir haben nur ein Magenfach, aber Kühe haben vier und Schnabeltiere haben keine!

618. Wenn dein Magen knurrt, nennt man das borborygmus.

619. Du rülpst, wenn du zu viel Luft mit dem Essen schluckst.

620. Der längste Schluckauf aller Zeiten dauerte 68 Jahre.

Augen und Zähne

621. Bei manchen Menschen haben die Augen zwei verschiedene Farben. Das nennt man Heterochromie.

622. Der weiße Teil unserer Augen wird Sklera genannt und der farbige Teil heißt Iris.

623. Unsere Augen sind in der Lage, etwa 1 Million verschiedene Farben und Schattierungen zu erkennen.

624. Die häufigste Augenfarbe ist braun.

625. Du blinzelst 12 Mal pro Minute.

626. Kinder haben 20 Zähne und Erwachsene haben 32.

627. Der Zahnschmelz ist die härteste Substanz in deinem Körper.

628. Zähne sind die einzigen Dinge in deinem Körper, die sich nicht selbst reparieren können.

629. Bevor es Zahnpasta gab, putzten sich die Menschen die Zähne mit Zitronensaft, Holzkohle oder Salz.

630. Der längste menschliche Zahn, den es je gab, maß fast 1,5 Zoll.

Herz und Blut

631. Dein Herz ist so groß wie deine Faust und hat vier Kammern: zwei obere Vorhöfe und zwei untere Herzkammern.

632. Die meisten Herzinfarkte ereignen sich am Montagmorgen.

633. Das Herz kann auch außerhalb des Körpers schlagen, und der Herzschlag kann sich z.B. abhängig von der gespielten Musik verändern.

634. Ein Elektrokardiogramm oder EKG ist eine Grafik, die die Aktivität des Herzens darstellt.

635. Ein Mann namens Stan Larkin lebte 555 Tage mit einem künstlichen Herzen. Er trug es in einem Rucksack, bis er eine Transplantation erhielt.

636. Dein Blut ist so salzig wie der Ozean.

637. Der Körper eines Erwachsenen enthält etwa 5 Liter Blut.

638. Es bräuchte mehr als 1 Million Moskitos, die gleichzeitig zustechen, um das ganze Blut herauszubekommen.

639. Der Blutdruck in deinem Herzen kann das Blut bis zu 30 Meter weit spritzen.

640. Ärzte benutzen immer noch Blutegel, um die Durchblutung zu fördern und Hauttransplantationen durchzuführen.

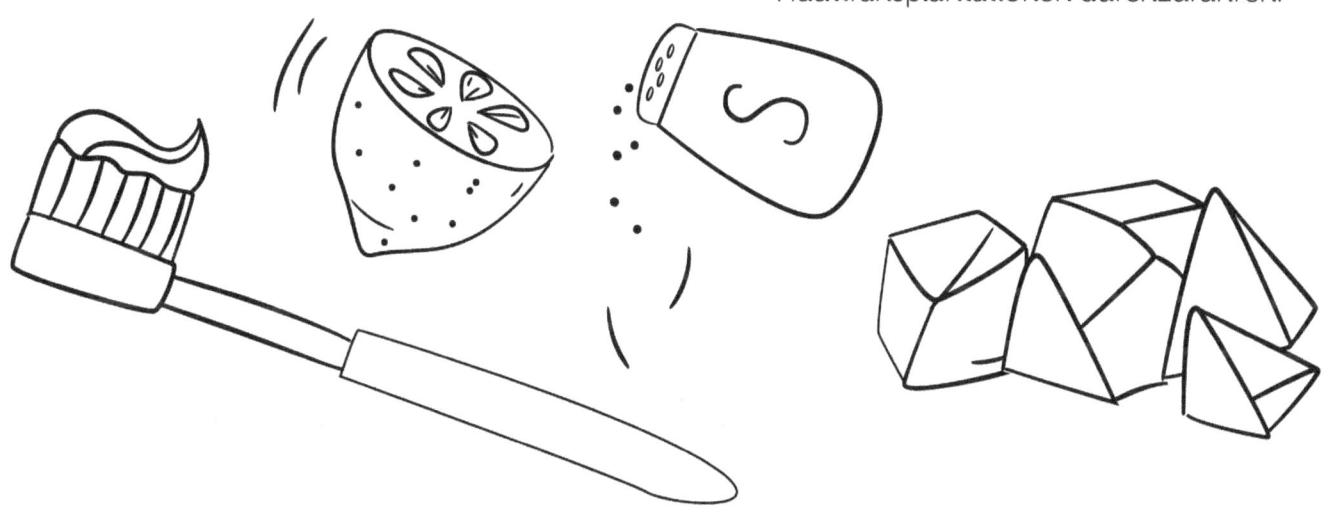

Körper

641. Deine Ohren und deine Nase hören nie auf zu wachsen.

642. Dein Herz schlägt 100.000 Mal am Tag.

643. Die durchschnittliche Temperatur eines menschlichen Körpers beträgt 98,6 Grad Fahrenheit (um die 37 Grad).

644. Ein durchschnittliches Gähnen dauert sechs Sekunden.

645. Du hast einen einzigartigen Zungenabdruck!

646. Der wissenschaftliche Name für Fingerabdrücke ist Dermatoglyphe.

647. Die meisten Menschen können ihren eigenen Ellbogen nicht ablecken. Kannst du das?

648. Du kannst nicht sprechen, während du ein- oder ausatmest.

649. Wenn du zu stark niest, kannst du dir eine Rippe brechen.

650. Wenn du Kopfhörer trägst, vermehren sich die Bakterien in deinem Ohr.

Schlaf und Träume

651. Du schläfst etwa 8 Stunden pro Nacht, aber das ist nichts im Vergleich zu Schnecken, die jahrelang schlafen.

652. Wenn du schläfst, kannst du nichts riechen.

653. Im Laufe deines Lebens verschluckst du im Schlaf etwa 70 Insekten und 10 Spinnen.

654. Die meisten Menschen träumen in Farbe, aber es gibt auch Menschen, die in Schwarz-Weiß träumen.

655. Schlafwandeln ist eine Störung, bei der Menschen im Schlaf aufstehen und eine beliebige Tätigkeit ausführen können.

656. Auch Menschen mit Sehbehinderungen träumen, allerdings auf eine andere Art und Weise.

657. Die längste Zeit, die ein Mensch es geschafft hat, wach zu bleiben, waren 11 Tage und 25 Minuten.

658. Elefanten sind die Tiere, die am wenigsten schlafen. Sie schlafen nur etwa zwei Stunden pro Tag.

659. Die Angst vor dem Einschlafen wird Somniphobie genannt und Oneirophobie ist die Angst vor Träumen.

660. Unser Gehirn kann keine neuen Gesichter erschaffen, also träumen wir nur von Gesichtern, die wir im echten Leben gesehen haben.

Kapitel 8:

WISSENSCHAFT

Chemie

661. Als Gas ist Sauerstoff farblos. Aber in flüssiger oder fester Form wird er blau.

662. Unter normalen Bedingungen können sich Öl und Wasser nicht vermischen. Probiere es aus!

663. Die teuerste Substanz der Welt ist ein Element namens Kalifornium. Eine einzige Unze ist Hunderte von Millionen Dollar wert.

664. Ein Metall namens Gallium schmilzt in deiner Handfläche.

665. Helium ist leichter als die Luft um uns herum, deshalb können mit Helium gefüllte Ballons schweben.

666. Alle Metalle auf der Erde sind silbrig, mit Ausnahme von Gold und Kupfer.

667. Diamanten, Graphit und Kohle bestehen alle aus demselben Stoff: Kohlenstoff.

668. Wenn du Essig und Backpulver mischst, blubbert es. Die Kombination funktioniert auch gut als Abflussreiniger!

669. Glas ist amorph, das heißt, es ist nicht flüssig und nicht fest. Die Teilchen in ihm bewegen sich sehr, sehr langsam.

670. Eis schmilzt, wenn die Temperatur über 0 °C steigt (= Schmelztemperatur). Diese Wärme ist als Energie notwendig. Wasser wird zu Eis, wenn die Temperatur unter 0 °C sinkt – Energie wird abgeführt und das Wasser gefriert. Wasser kocht bei 100 °C und verdampft dann.

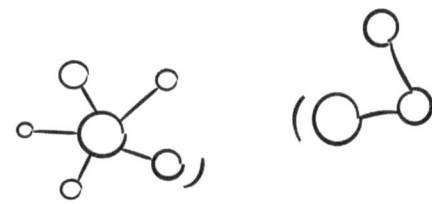

Computer

671. Der Speicher eines Computers wird RAM (Random Access Memory) genannt.

672. Computer haben Lüfter im Inneren, weil sie heiß werden, wenn sie arbeiten.

673. Sie haben Schaltkreise, Mikroprozessoren genannt, die sehr schnell mathematische Operationen sehr schnell lösen können.

674. Mikroprozessoren sind so etwas wie die Gehirne der Computer.

675. Andere Maschinen wie Waschmaschinen, Fernseher und Autos verwenden ebenfalls Mikroprozessoren.

676. Computer verwenden einen Code, bei dem alle Zahlen durch Nullen und Einsen dargestellt werden, das sogenannte binäre Zahlensystem.

677. Der allererste Computer, der ENIAC (Electronic Numerical Integrator And Computer), wog mehr als 27 Tonnen.

678. Die Computermaus wurde 1964 erfunden und die erste Maus war aus Holz.

679. Du blinzelst weniger, wenn du vor dem Bildschirm arbeitest oder Spiele vor einem Computerbildschirm spielst.

680. Am Massachusetts Institute of Technology (MIT) gibt es Computer, die zwischen echtem und falschem Lächeln unterscheiden können.

Biologie

681. Jede Zelle in deinem Körper hat zwei Meter DNA.

682. Die DNA ist die Substanz, die die Informationen enthält, um alle Substanzen und Teile unseres Körpers ein Leben lang aufzubauen.

683. Du hast einen einzigartigen DNA-Fingerabdruck, alle Lebewesen haben einen anderen.

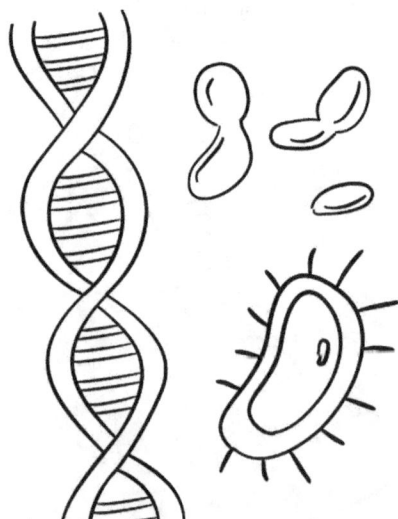

Elektrizität

684. Zum Schutz wickelt sich die DNA zu Strukturen auf, die ungefähr X-förmig sind und Chromosomen genannt werden.

685. Jeder Mensch hat 23 Chromosomenpaare, also insgesamt 46.

686. Jedes Stück DNA, das die Informationen für eine bestimmte Substanz oder einen Körperteil enthält, wird als Gen bezeichnet.

687. Die Gesamtheit aller Gene auf allen Chromosomen nennt man das Genom.

688. Deine gesamte DNA würde, aneinandergereiht, 124 Milliarden Meilen (99 Milliarden Meter) lang sein. Das sind tausend Reisen zur Sonne!

689. Viren sind keine Lebewesen. Sie sind organische Materie, die sich nur in einem Wirt vermehren und verbreiten kann.

690. Bakterien sind lebendig und können sich ganz allein vermehren.

691. Kohle ist weltweit die wichtigste Quelle für die Stromerzeugung.

692. Die Energie, die unsere Haare aufstellt und uns wie Igel aussehen lässt, wird statische Elektrizität genannt.

693. Aus Tierkot und Fürzen kann man Strom erzeugen.

694. Island verbraucht mehr Strom als jedes andere Land der Welt.

695. Die größte Glühbirne ist 14 Fuß (4 Meter) hoch.

696. Sie befindet sich auf der Spitze des Thomas Edison Memorial Tower.

697. Die Vereinigten Staaten verbrauchen 30% des weltweiten Stromverbrauchs.

698. Unsere Nerven nutzen Strom, um Signale an unser Gehirn zu senden.

699. Auch der Herzmuskel produziert Strom und hält ihn so am Schlagen.

700. Blitzableiter werden verwendet, um die elektrischen Entladungen von Blitzen anzuziehen und in den Boden zu leiten, damit sie keine Gebäude oder Menschen beschädigen können.

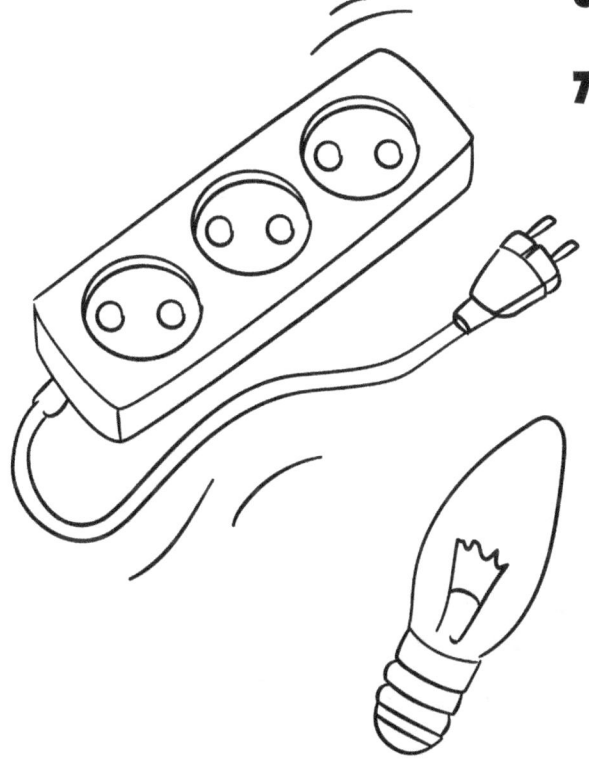

Mathematik

701. Vierzig ist die einzige Zahl, die in alphabetischer Reihenfolge geschrieben wird.

702. -4,5 Grad Celsius ist gleich -40 Grad Fahrenheit.

703. Das Symbol für die Teilung wird Obelus genannt.

704. Die gegenüberliegenden Seiten eines Würfels ergeben immer die Zahl sieben.

705. Die Summe von zwei ungeraden Zahlen ist immer eine gerade Zahl.

706. Die Summe von zwei geraden Zahlen ist auch immer eine gerade Zahl.

707. Die Zahl vier ist die einzige Zahl, die so viele Buchstaben hat wie der Wert, den sie ausdrückt.

708. Eine palindromische Zahl ist eine Zahl, die von links nach rechts genauso gelesen wird wie von rechts nach links, zum Beispiel 33, 121 oder 4554.

709. Die Zahl 2520 gilt als "perfekt", weil sie durch alle Zahlen von 1 bis 10 geteilt werden kann.

710. Wenn wir 111111111 mit 111111111 multiplizieren, ist das Ergebnis 12345678987654321.

Geologie

711. Rubine und Saphire sind das gleiche Mineral, der einzige Unterschied ist ihre Farbe.

712. Das Mineral ist Korund, und die roten Steine heißen Rubine und alle anderen möglichen Farben heißen Saphire, obwohl die meisten blau sind.

713. Perfekte Diamanten sind absolut durchsichtig, sie haben überhaupt keine Farbe.

714. Diamanten unterschiedlicher Farbe sind aufgrund von Fehlern in ihrer Struktur oder in ihrer chemischen Zusammensetzung so.

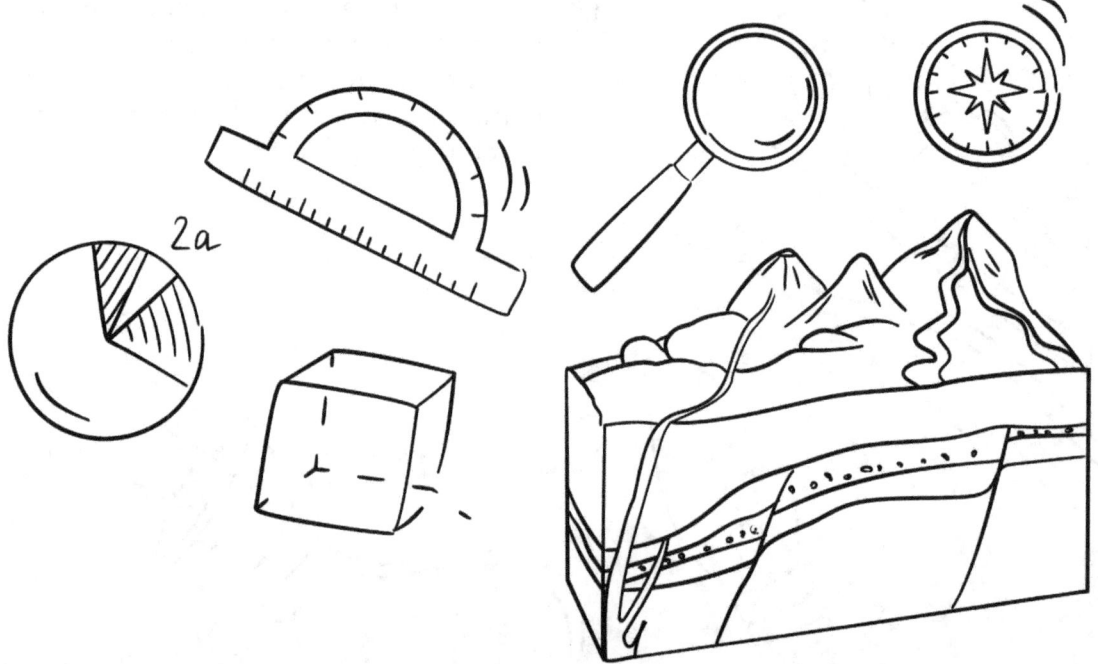

715. Der Kern der Erde ist heißer als die Oberfläche der Sonne.

716. Die Route 66 quer durch die Vereinigten Staaten ist länger als die Entfernung zum Erdkern.

717. Die Richterskala misst die Energie, die bei einem Erdbeben freigesetzt wird, und den Schaden, den es verursachen kann.

718. Ein Erdbeben der Stärke 12 auf der Richterskala würde die Welt in zwei Hälften brechen.

719. Der Einschlag, der das Aussterben der Dinosaurier verursachte, misst 13 auf der Richterskala.

720. Vor ein paar Jahren entdeckten Wissenschaftler ein Mineral, das älter ist als die Erde.

Archeologie und Paleontologie

721. Archäologie ist die Erforschung der menschlichen Vergangenheit und beinhaltet das Ausgraben von alten Städten, Gegenständen und Knochen.

722. Die Paläontologie befasst sich mit der Erforschung der übrigen Lebewesen der Vergangenheit anhand von Fossilien.

723. Dank der Paläontologie kennen wir die Dinosaurier, die vor Millionen von Jahren lebten.

724. Es gibt 700 Jahre alte Mumien, die zwischen Eisenstangen begraben wurden, weil man glaubte, dass es Vampire gibt und dass sie so nicht mehr zurückkommen würden.

725. Fossilien sind die Überreste von Tieren, Pflanzen oder sogar Bakterien aus längst vergangenen Zeiten, die die ganze Zeit in Gesteinen erhalten geblieben sind.

726. Die ältesten jemals entdeckten Fossilien befinden sich in Grönland und sind über 3.700 Jahre alt.

727. Insekten und andere kleine Tiere wurden auch im Harz von prähistorischen Bäumen, dem Bernstein, konserviert.

728. Archäologen, die die Pyramiden und Mumien Ägyptens untersuchen, werden Ägyptologen genannt.

729. Im alten Ägypten benutzte man keine Buchstaben zum Schreiben, sondern Zeichen oder Bilder, die Wörter darstellten und Hieroglyphen genannt wurden.

730. Die Hieroglyphen konnten dank einer archäologischen Entdeckung entschlüsselt werden: einem Stein namens Rosetta, der denselben Text in Hieroglyphen und zwei anderen Sprachen enthielt.

Luftfahrt

731. Das erste Transportmittel in der Luft war der Heißluftballon.

732. Die Gebrüder Wright erfanden, bauten und flogen das erste Flugzeug überhaupt.

733. Um ihr Flugzeug zum Abheben zu bringen, mussten sie ein Katapult benutzen.

734. Die Angst vor dem Fliegen wird Aviophobie genannt.

735. Flugzeuge, die Passagiere rund um die Welt befördern, nennt man Airliner.

736. Der längste Flug, der Passagiere befördert, geht von Singapur nach New Jersey und dauert über 18 Stunden.

737. Es dauert so lange, weil es eine 9.534 Meilen lange Reise ist. Mit dem Auto würde man dafür mehr als 6 Tage brauchen!

738. Der schnellste Jet ist die Lockheed SR-71 Blackbird. Er fliegt mit einer Geschwindigkeit von 2.100 Meilen pro Stunde.

739. Es gibt Flugzeuge, die auf dem Wasser starten und landen können. Man nennt sie Wasserflugzeuge.

740. Jedes Jahr fliegen mehr als 4,5 Milliarden Menschen mit dem Flugzeug um die Welt. Das ist mehr als die Hälfte der Weltbevölkerung!

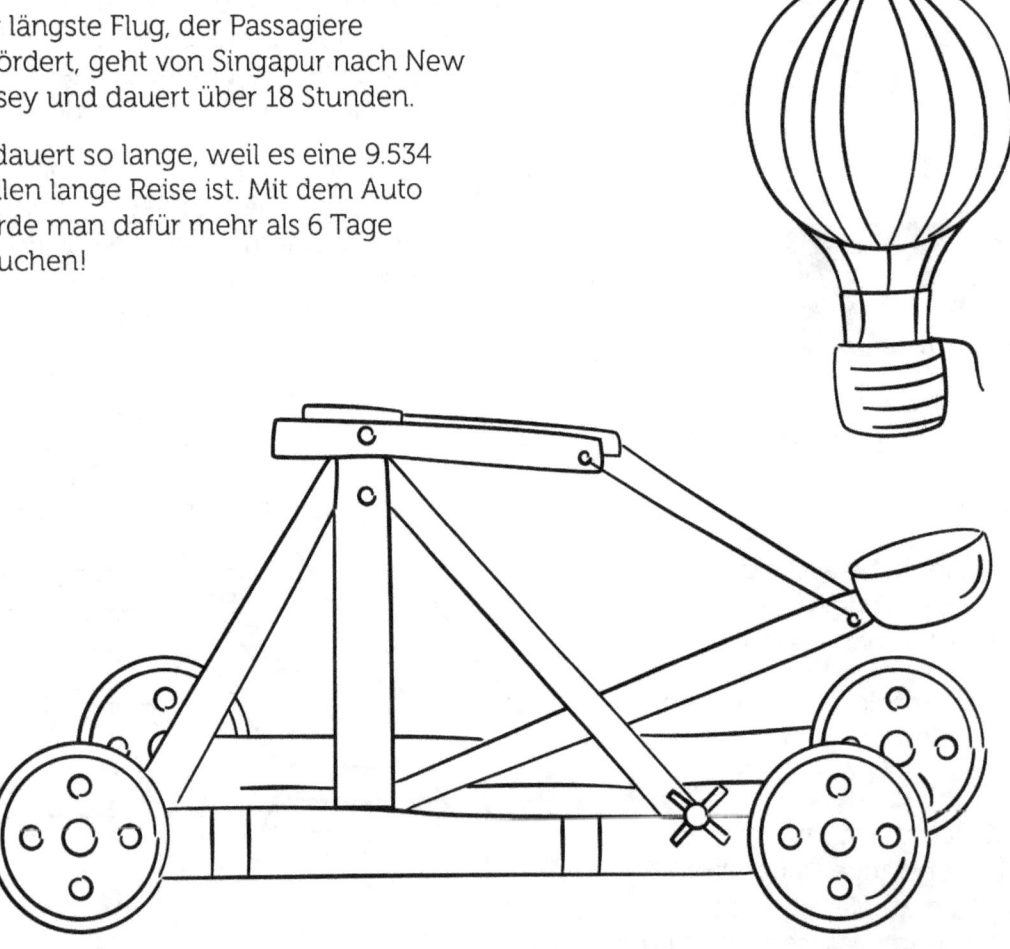

Kapitel 9:

GESCHICHTE

Mittelalter

741. Im Mittelalter wurden Belüftungssysteme viel benutzt, aber nicht wegen der Hitze, sondern, weil man nicht so oft duschte wie heute!

742. Die meisten Menschen duschten nur einmal im Jahr.

743. Das ist auch der Grund, warum die Bräute an ihrem Hochzeitstag Blumensträuße mitbrachten.

744. Die adligen Krieger des Mittelalters wurden Ritter genannt.

745. Hunde waren schon immer die besten Freunde des Menschen, so sehr, dass mittelalterliche Ritter sie mit in den Krieg nahmen.

746. Mittelalterliche Ritter trugen Metallrüstungen, um sich im Kampf zu schützen.

747. Die Rüstung konnte über 65 Pfund (ca. 30 Kg) wiegen, das ist so viel wie 8 Gallonen (30 Liter) Wasser!

748. Um zu verhindern, dass ihre Hunde im Kampf verletzt werden, trugen sie ebenfalls eine Rüstung.

749. Sie benutzten keine Teller oder Gabeln, sondern aßen nur mit Löffeln.

750. Bärte waren sehr wichtig, deshalb war eines der größten Vergehen, jemandem am Bart zu ziehen.

Das antike Griechenland

751. Im antiken Griechenland gab es viele Stadtstaaten, jeder mit seinem eigenen König.

752. Diese Stadtstaaten waren als "Polis" bekannt.

753. Der Stadtstaat Sparta war für seine starke Armee bekannt.

754. Spartaner begannen ihre Kriegerausbildung im Alter von sieben Jahren.

755. Die griechischen Mythen und Götter werden noch heute studiert.

756. Die alten Griechen glaubten, dass ihre wichtigsten Götter auf dem Berg Olymp lebten.

757. Zeus war der Gott des Himmels und des Donners und der mächtigste von allen. Er galt als der Vater der Götter und Menschen.

758. Medusa war eine Kreatur aus der griechischen Mythologie mit Schlangenhaaren, die jeden, der sie ansah, in Stein verwandelte.

759. In der griechischen Mythologie gibt es viele Kreaturen, die halb Mensch und halb Tier sind, wie die Zentauren, die halb Mensch und halb Pferd waren.

760. Minotauren hatten den Körper eines Menschen und den Kopf eines Stiers, und Satyrn hatten den Körper eines Menschen und die Beine einer Ziege!

Das antike Rom

761. Die Gründer von Rom waren die Brüder Romulus und Remus. Von den beiden Brüdern war Romulus der erste König von Rom.

762. Die Legende besagt, dass sie von einer Wölfin ausgesetzt und aufgezogen wurden.

763. Wie die Griechen glaubten auch die Römer an viele Götter.

764. Die römische Armee marschierte jeden Tag bis zu 25 Meilen weit.

765. Ein römischer Soldat wird Legionär genannt.

766. Sie aßen gerne exotische Speisen, wie gebratenen Papagei und Flamingo.

767. Gladiatoren waren bewaffnete Kämpfer, die zur Unterhaltung des Publikums gegeneinander oder gegen wilde Tiere kämpften.

768. Sie kämpften im Kolosseum, einem riesigen Amphitheater, das du heute noch in Rom besuchen kannst.

769. Die Römer bauten ein System von unterirdischen Labyrinthen, das mehr als 100 Meilen lang ist und noch heute existiert.

770. Sie wuschen ihre Kleidung in Urin, weil diese eine Chemikalie enthält, die als Reinigungsmittel verwendet wird.

Die Ägypter

771. Normale Menschen durften das Haar des Pharaos nicht sehen, also hielt er es bedeckt.

772. Viele Tiere, wie Schlangen, Kühe oder Katzen, waren im alten Ägypten heilig.

773. Die Ägypter benutzten verschimmeltes Brot als Medizin, um Infektionen zu bekämpfen.

774. Die Große Pyramide von Gizeh ist die größte und älteste Pyramide. Sie ist fast so hoch wie ein 50-stöckiges Gebäude!

Fakten für Kinder

775. Sowohl Männer als auch Frauen trugen in Ägypten Make-up.

776. Mumien wurden in lange Binden gewickelt, die über eine Meile lang sein konnten.

777. Die alten Ägypter glaubten an über 2.000 Götter.

778. Die Ägypter erfanden Stifte, Schlösser und Schlüssel.

779. Sie haben auch den Sonnenkalender erfunden, der die Position der Erde im Verhältnis zur Sonne angibt.

780. Obwohl sie in Ägypten geboren wurde, war Kleopatra Griechin.

Wikinger

781. Sie nannten sich nie "Wikinger", sondern waren in Wirklichkeit nordische Seefahrer aus dem heutigen Dänemark, Norwegen und Schweden.

782. Die Wikinger liebten blondes Haar und hellten ihre Locken mit Lauge auf.

783. Es gab viele Wikingergötter, der wichtigste war Odin.

784. Odin war der Gott des Krieges und der Weisheit, und Thor, sein Sohn, war der Gott des Donners.

785. In der altnordischen Sprache bedeutet das Wort "Wikinger" "Seeräuber".

786. Einige Wochentage wurden nach den Göttern der Wikinger benannt: Der Dienstag wurde nach Tyr benannt, der Mittwoch nach Odin (auch bekannt als Woden), der Donnerstag nach Thor und der Freitag nach Frigg.

787. Die Wikinger-Krieger wurden "Berserker" genannt. Sie trugen Tierfelle und heulten, wenn sie in die Schlacht zogen.

788. Die Wikinger fuhren zum Spaß Ski und verehrten den Gott und die Göttin des Skifahrens: Ullr und Skadi.

789. Sie pinkelten auf Holz, um Feuer zu machen.

790. Wikinger begruben ihre Angehörigen auf Booten.

Das antike China

791. Die Terrakotta-Armee ist eine berühmte Sammlung von 8.000 lebensgroßen Statuen, die in China gefunden wurden.

792. Die Statuen sind etwa 2.000 Jahre alt.

793. Im alten China benutzte man Drachen, um Entfernungen zu messen.

794. Chinesische Könige wurden Kaiser genannt.

795. Eine Herrscherfamilie wurde Dynastie genannt und konnte Jahrhunderte lang regieren.

796. Das Papier wurde während der Han-Dynastie erfunden.

797. Die Chinesische Mauer ist die längste Mauer der Welt. Sie erstreckt sich über 13.000 Meilen (20921,5 Km).

798. Sie wurde gebaut, um mögliche Eindringlinge davon abzuhalten, in das chinesische Reich einzudringen.

799. Der Magnetkompass wurde vor über 2.000 Jahren in China erfunden. Er wurde aus einem magnetischen Stein namens lodestone hergestellt.

800. Er zeigte immer nach Süden, deshalb nannte man ihn "Südweisender Fisch".

Die zwei Weltkriege

801. Der Erste Weltkrieg dauerte etwas mehr als 4 Jahre und 3 Monate, von 1914 bis 1918.

802. Er begann mit der Ermordung des Erzherzogs von Österreich, Franz Ferdinand.

803. Jedes Jahr am 11. November tragen die Menschen am Gedenktag rote Mohnblumen. Es ist ein Tag, an dem man sich an alle erinnert, die im Krieg gekämpft haben, und sie ehrt.

Der Wilde Westen

804. Der Zweite Weltkrieg war eine große Schlacht zwischen den Alliierten und den Achsenmächten.

805. Die Alliierten waren Großbritannien, Frankreich, Russland, China und die Vereinigten Staaten. Zu den Achsenmächten gehörten Deutschland, Italien und Japan.

806. Einige Länder blieben neutral, zum Beispiel Schweden, Spanien und die Schweiz.

807. Der Zweite Weltkrieg begann, als Adolf Hitler und seine Nazi-Partei in Polen einmarschierten. Frankreich und Großbritannien griffen ein, um dies zu verhindern, und erklärten Deutschland zwei Tage später den Krieg.

808. Amerika trat 1941 in den Krieg ein, als Japan den Marinestützpunkt in Pearl Harbor angriff. Schon am nächsten Tag erklärten die Vereinigten Staaten Japan und den Achsenmächten den Krieg.

809. Am 8. Mai 1945 kapitulierte Deutschland und der Zweite Weltkrieg endete. Er dauerte 6 Jahre und 1 Tag.

810. Von allen Opfern des Zweiten Weltkriegs waren Millionen Juden. Ihr Völkermord ist als Holocaust bekannt.

811. Der amerikanische Wilde Westen war auch als American Frontier bekannt.

812. Während dieser Expansion nach Westen wurden viele indianische Kulturen von ihrem Land vertrieben.

813. Der Pony Express war ein Postzustelldienst, der mit Pferden quer durch die Vereinigten Staaten reiste.

814. Es dauerte zehn Tage, um einen Brief von einer Seite der Vereinigten Staaten zur anderen zu bringen.

815. 175.000 Menschen zogen 1860 auf der Suche nach Gold nach Kalifornien.

816. Dies wurde der Goldrausch genannt und begann im Jahr 1848.

817. Mitte des 19. Jahrhunderts wurde das U.S. Camel Corps gegründet, ein Armeeexperiment, das versuchte, Kamele als Lasttiere im Wilden Westen einzusetzen.

818. Jede Stadt hatte einen Sheriff.

819. Um diese Zeit wurde der erste Cowboyhut hergestellt.

820. Die Kriminellen im Wilden Westen waren als Outlaws bekannt.

Weihnachten

821. Weihnachten wird normalerweise am 25. Dezember gefeiert, aber in Russland und anderen orthodoxen Ländern ist es am 7. Januar.

822. Weihnachtskarten und Geschenke wurden in der viktorianischen Ära (um 1800) eingeführt.

823. Die ersten Weihnachtsbäume tauchten im 16. Jahrhundert in Deutschland auf. Sie schmückten Tannenbäume mit Früchten und Nüssen.

824. Jedes Jahr schickt Norwegen einen 20 Meter hohen Baum nach London, wo er auf dem Trafalgar Square mit Lichtern geschmückt wird. Sie tun dies, um sich für die Hilfe während des Zweiten Weltkriegs zu bedanken.

825. Der Weihnachtsmann kommt von "Sinterklaas", dem niederländischen Namen für den Heiligen Nikolaus, den Schutzpatron der Kinder.

826. Weihnachtsknaller sind eine festliche Dekoration, die eine kleine Überraschung enthalten und ein lautes, knackendes Geräusch machen, wenn zwei Personen daran ziehen.

827. In Italien heißt es, dass eine freundliche Hexe namens La Befana in der Nacht des 6. Januar auf einem Besenstiel fliegt und Spielzeug verteilt.

828. In Island lassen die Kinder Schuhe unter dem Fenster für 13 Trolle, die Yule Lads genannt werden.

829. Wenn sie brav waren, finden sie am nächsten Tag Süßigkeiten und Geschenke in ihren Schuhen, wenn sie böse waren... Eine Kartoffel!

830. "Jingle Bells" wurde ursprünglich zu Thanksgiving gesungen!

Fakten für Kinder

Bonus-Fakten

831. Die Maya verehrten Truthähne als Götter.

832. Napoleon wurde einmal von Hunderten von Kaninchen angegriffen.

833. Es geschah auf einer Jagd, als einer seiner Diener, anstatt Hasen zu kaufen, die Kaninchen, die Haustiere waren, zur Jagd verwendeten. Sie dachten, Napoleon würde sie füttern und so sind sie deshalb nicht weggelaufen.

834. Im dreizehnten Jahrhundert erklärte der Papst den Katzen den Krieg.

835. Abraham Lincoln war ein lizenzierter Barkeeper, Wrestling-Champion und Präsident der Vereinigten Staaten.

836. Entgegen der landläufigen Meinung hat Thomas Edison die Glühbirne nicht erfunden, er hat sie nur perfektioniert.

837. Historiker glauben, dass es mehr als 20 Menschen gibt, die unabhängig voneinander eine Glühbirne vor ihm erfunden haben.

838. Walt Disney hat Mickey Mouse nicht gezeichnet, er kümmerte sich nur um seine Stimme und Persönlichkeit.

839. Die Mona Lisa hat keine Augenbrauen.

840. Als sie zum ersten Mal benutzt wurden, galten Gabeln als beleidigend, weil sie "künstliche Hände" waren.

Kapitel 10:

OZEANE

Unser Meer

841. Der tiefste Ozean ist der Pazifische Ozean.

842. Der Marianengraben ist der tiefste Punkt. Er ist etwa 36.200 Fuß (11034 Meter) tief.

843. Die längste Gebirgskette der Welt befindet sich unter dem Meer: der Mittelozeanische Rücken. Er ist etwa 40.000 Meilen (65.000 Km) lang.

844. Der Ozean hat riesige Strudel, der alles einsaugt wie ein Staubsauger!

845. Am Boden des Ozeans gibt es Spalten, aus denen heißes Wasser austritt, die sogenannten Hydrothermalquellen.

846. Der größte Wasserfall der Erde befindet sich unter dem Ozean.

847. Das lauteste Geräusch, das jemals aufgezeichnet wurde, wurde "der Bloop" genannt. Wissenschaftlerinnen und Wissenschaftler glauben, dass es von einem Eisbeben oder einem Eisberg herrührt, der weit draußen auf dem Meer auf den Meeresboden aufschlägt.

848. Vor etwa 6 Millionen Jahren trocknete das Mittelmeer vollständig aus und wurde fast eine Million Jahre später wieder überflutet.

849. Wenn das gesamte Eis im Ozean schmelzen würde, würde das Meer um 230 Fuß (70 Meter) ansteigen. Das bedeutet, dass es ein 26-stöckiges Gebäude am Strand bedecken könnte!

850. 7 Millionen Tonnen Plastik werden jedes Jahr in unsere Ozeane gekippt.

Strömungen

851. Meeresströmungen sind die Bewegungen der Ozeane und großen Meere, die durch die Rotation der Erde verursacht werden.

852. Strömungen bewegen sich auf der Nordhalbkugel im Uhrzeigersinn und auf der Südhalbkugel gegen den Uhrzeigersinn. Du kannst es zu Hause sehen, wenn du duschst: In welche Richtung fließt das Wasser in den Abfluss?

853. Die größte Strömung der Welt ist das globale Förderband.

854. Diese Strömung ist so langsam, dass sie 1.000 Jahre braucht, um einmal komplett um die Welt zu fließen.

855. Wellen bringen das Meerwasser an den Strand und Strömungen bringen es zurück.

856. Eine dieser Strömungen heißt Unterströmung und zieht das Wasser von unterhalb der Wellen zurück ins Meer.

857. Eine andere Strömung, die sogenannte reißende Strömung, ist viel stärker und schmaler.

858. Rippenströmungen bilden sich an schwachen Stellen entlang der Linie der brechenden Wellen und bilden schmale Korridore, die das Wasser zurück ins Meer führen. Von oben betrachtet sehen sie aus wie Flüsse, die ins Meer fließen.

859. Reißende Strömungen können einen Menschen ins Meer saugen!

860. Reißende Strömungen wirbeln Sand auf. Wenn du also trübes, braunes Wasser siehst, solltest du dich fernhalten.

Wellen

861. Der Wind auf der Meeresoberfläche peitscht die Wellen auf.

862. Die höchste jemals gemessene Welle war 1.719 Fuß (524 Meter) in der Lituya Bay in Alaska. Das sind 175 Stockwerke hoch!

863. Etwa alle 6 Stunden gibt es eine Veränderung des Meeresspiegels. Diese Veränderungen werden Gezeiten genannt.

864. Wenn der Meeresspiegel am höchsten ist, spricht man von Flut und wenn er am niedrigsten ist, von Ebbe.

865. Die Gezeiten werden durch die Schwerkraft zwischen der Erde, der Sonne und dem Mond verursacht.

866. Wenn Wellen an den Strand schlagen, nennt man das "brechen".

867. Es ist verlockend, dort zu schwimmen, wo es ruhiger ist, aber sei vorsichtig, dort gibt es oft reißende Strömungen!

868. Manchmal tauchen auf offener See riesige Wellen auf, ohne dass man weiß, woher sie kommen, und sie sind für Schiffe sehr gefährlich. Man nennt sie Schurkenwellen.

869. Wenn große Mengen Wasser bewegt werden, z. B. durch ein Erdbeben oder einen Erdrutsch, entstehen riesige Wellen, die Tsunamis genannt werden.

870. Tsunamis treten nicht nur im Meer auf, sondern können auch in großen Seen entstehen.

Meeresleben

871. Kelp, eine Art Seetang, kann pro Tag drei Meter wachsen.

872. Kelp bildet Unterwasserwälder in flachen Meeren.

873. Eine Koralle ist ein Tier, keine Pflanze oder ein Fels.

874. Oktopusse haben blaues Blut.

875. Delfine und Wale nutzen Geräusche, um ihre Beute zu finden. Sie machen Geräusche und hören auf das Echo, das sie erzeugen, um sich ein Bild von dem zu machen, was um sie herum ist.

876. Nacktschnecken sind die buntesten und seltsamsten Meeresschnecken.

877. Korallen stellen ihren eigenen Sonnenschutz her. Es ist eine fluoreszierende Substanz, die die schädliche Wirkung des Sonnenlichts blockiert.

878. Manche Wale haben keine Zähne, sondern borstenartige Barthaare im Maul.

879. Riesenkalmare haben die größten Augen der Welt. Sie sind so groß wie ein Fußball!

880. Die giftigste Meerestierart ist die Ohrenqualle, aber sie verhält sich nicht aggressiv.

Inseln

881. Eine Gruppe von Inseln wird Archipel genannt. Die Philippinen sind ein Beispiel dafür.

882. Kleine Inseln werden oft Cays, Keys oder Eilande genannt.

883. Die größte Insel der Welt ist Grönland.

884. Manche Inseln sind von Menschenhand geschaffen, wie der Kansai Airport in Japan.

885. Die größten von Menschenhand geschaffenen Inseln kann man vom Weltraum aus sehen: die Palm Tree Islands vor der Küste Dubais.

886. Madagaskar ist nicht nur ein Film, es ist eine echte Insel vor der Küste Afrikas.

887. Ozeanische Inseln sind sehr weit vom Land entfernt und sind oft Vulkane.

888. Es gibt über 100.000 Inseln auf der Welt.

889. Manche Inseln, wie Fraser Island bei Australien, bestehen nur aus Sand und bewegen sich mit dem Ozean.

890. Jemand, der auf einer Insel gestrandet ist, nennt man einen Schiffbrüchigen.

Schiffswracks

891. Es gibt etwa drei Millionen Schiffswracks auf der ganzen Welt.

892. Die spanische Armada war eine Flotte von 130 Schiffen, die England angreifen sollte. Die meisten von ihnen erlitten an den Küsten Schottlands und Irlands Schiffbruch.

893. Die RMS Titanic ist wahrscheinlich das berühmteste Schiffswrack.

894. Die Titanic rammte auf ihrer ersten Fahrt auf See einen Eisberg.

895. Der Passagierdampfer Carpathia, der die Überlebenden der Titanic rettete, wurde im Ersten Weltkrieg von einem deutschen U-Boot zerstört.

896. 1956 kollidierten die Andrea Doria und die MS Stockholm, aber nur die Andrea Doria sank, und heute ist sie einer der beliebtesten Tauchspots.

897. Die Andrea Doria ist bekannt als der Mount Everest des Tauchens.

898. Im 17. Jahrhundert baute die schwedische Marine ihr bestes Kriegsschiff, die Vasa, aber sie sank weniger als 1.000 Fuß (ca. 300 Meter) nach dem Auslaufen.

899. Einige Zeit später begann man, nach einer Möglichkeit zu suchen, das Schiff zu retten. Schließlich wurde das komplette Schiff geborgen und kam 333 Jahre nach seinem Untergang wieder an die Oberfläche.

900. Da das Wasser nicht sehr salzig war und es nur wenige Mollusken gab, die das Holz fraßen, war das Schiff fast unversehrt und kann heute im gleichnamigen Museum in Schweden besichtigt werden.

Bonus-Fakten

901. Ninja-Laternenhaie haben einen leuchtenden Kopf und wurden erst 2010 entdeckt.

902. Der Ozean ist unterhalb von 200 Metern stockdunkel (für menschliche Augen).

903. Tiefer als 10 Meter kann man weder rot noch gelb sehen.

904. Der entlegenste Teil des Ozeans liegt im Südpazifik und wird. Er wird Point Nemo oder der Pol der Unzugänglichkeit des Ozeans genannt.

905. Stickstoff in der Luft ihrer Tauchflaschen lässt manche Taucher in einer Tiefe von 100 Fuß (30 Meter) schwindelig werden.

906. Eisbären zählen zu den Meeressäugern, weil sie fast ihr ganzes Leben im und am Meer in der Arktis verbringen.

907. Eisbären sind die größten Landraubtiere. Sie wiegen etwa 1.800 Pfund (800 Kg), das ist so viel wie 10 Männer!

908. Kugelfische haben genug Giftstoffe, um 30 Menschen schwer krank zu machen.

909. Es gibt Fische, die auf dem Eis überleben können, ohne dass ihr Blut gefriert.

910. Wissenschaftler/innen glauben, dass die meisten Meeresarten noch nicht entdeckt sind, da weniger als 10 % der Ozeane erforscht sind.

Fakten für Kinder

Kapitel 11:

PFLANZEN

Essbare Pflanzen

911. Es gibt mehr als 80.000 bekannte essbare Pflanzenarten.

912. Eine Gruppe von Bananen wird "Hand" genannt, deshalb ist eine einzelne Banane ein "Finger".

913. Das liegt daran, dass das Wort "Banane" von dem arabischen Wort für Finger kommt.

914. Eine Gruppe von Händen, die zusammen wachsen, nennt man einen "Strauß". Eine Bananenstaude kann bis zu 20 Hände haben.

915. Der wissenschaftliche Name des Baumes, von dem die Schokolade stammt, bedeutet auf Griechisch "Speise der Götter".

916. Kopfsalat stammt aus dem Mittelmeerraum und wird schon so lange gegessen, dass er sogar auf ägyptischen Gemälden zu sehen ist.

917. Cäsar Augustus, ein römischer Kaiser, war überzeugt, dass er eine Krankheit durch den Verzehr von Salat überwunden zu haben und ließ eine Statue aus Salat anfertigen.

918. Nicht nur die Früchte oder Blätter einer Pflanze sind essbar, sondern auch die Blüten.

919. In der Antike wurden Radieschen als Gegenmittel gegen Gift und als Schlafmittel verwendet.

920. Von Löwenzahn wird nichts weggeworfen: Seine Stängel, Blätter und Blüten können roh als Salat gegessen werden, und seine Wurzeln können gemahlen werden, um Tee zu machen.

921. Jede Blumenkohlpflanze kann nur einen Blumenkohl produzieren.

922. Es gibt mehr als 300 Arten von Bohnen, die weiß, schwarz, braun, rot oder gemischt sein können.

923. Mais, Reis und Weizen sind weltweit die wichtigsten Nutzpflanzen.

924. Neben Getreide sind Kartoffeln das am meisten angebaute Nahrungsmittel der Welt.

925. Wenn wir von essbaren Pflanzen sprechen, denken wir meist nur an Pflanzen, die an Land wachsen, aber auch Wasserpflanzen wie Algen werden gegessen.

Blumen

926. Es gibt 270.000 Arten von blühenden Pflanzen.

927. Von ihnen sind 35.000 verschiedene Arten von Rosen.

928. Auch Orchideen sind eine sehr große Pflanzengruppe mit rund 20.000 verschiedene Sorten.

929. Im 16. Jahrhundert waren Tulpen in den Niederlanden wertvoller als Gold.

930. Wenn wir Blumenkohl essen, essen wir eigentlich die Blüten der Pflanze, er ist kein Gemüse.

931. Essbare Blüten können so unterschiedlich sein wie Stiefmütterchen, Kamille oder Kürbisblüten und können roh, gekocht oder als Tee gegessen werden.

932. Im Allgemeinen wachsen und gedeihen Pflanzen im Sonnenlicht. Es gibt jedoch einige Blumen, die sich nur nachts öffnen.

933. Das liegt daran, dass für die Bestäubung nachtaktive Tiere, wie Motten oder Fledermäuse, zuständig sind.

934. Die größte Blume der Welt ist fast 35 Zentimeter breit und wiegt 25 Pfund (11Kg). So viel wie ein 5-Jähriger!

935. Die Lotosblume gilt als heilig und ist im Buddhismus ein Symbol für Reinheit.

936. Der Oleander, ein Strauch mit weißen und rosa Blüten, gilt als die giftigste Pflanze der Welt.

937. Er schmeckt jedoch sowohl Menschen als auch Tieren so unangenehm, dass es nur selten zu Vergiftungen kommt.

938. Die "Königin der Anden" kann bis zu 150 Jahre brauchen, um eine Blüte hervorzubringen. Doch das ist es wert, denn sie kann bis zu 15 Meter groß werden.

939. Die Geisterorchidee heißt so, weil sie kaum Farbe hat, keine Blätter besitzt und die meiste Zeit ihres Lebens unter der Erde verbringt. Sie kommt nur heraus, um kleine weiße Blüten zu tragen.

940. Kakteen haben nicht nur Stacheln, sondern auch Blüten. Einige von ihnen gehören zu den größten, seltensten und schönsten der Welt.

Bäume

941. Bäume sind die ältesten Lebewesen auf unserem Planeten.

942. 30% des Sauerstoffs, den wir atmen, wird von Bäumen produziert.

943. Das Land Brasilien ist nach einem Baum benannt, der als Brasilholz bekannt ist.

944. Der schwerste Baum, eine Zitterpappel, wog 6.000 Tonnen. Das ist fast so schwer wie der Eiffelturm!

945. Der höchste Baum war ein australischer Eukalyptus mit einer Höhe von 435 Fuß (132 Meter), aber er wurde vor Jahrzehnten gefällt.

946. Der höchste Baum, der noch steht, ist ein Mammutbaum, der 379 Fuß (115 Meter) hoch ist.

947. Manche Bäume senden chemische Signale an Wespen, wenn sie von Raupen angefressen werden. Die Wespen stürzen sich auf die Raupen und greifen sie an.

948. Der älteste Baum der Welt ist fast 5.000 Jahre alt und steht in den Vereinigten Staaten.

949. Benachbarte Bäume schaffen Verbindungen zwischen ihren Wurzeln, um Nährstoffe zu teilen.

950. Sie teilen auch kleine elektrische Signale, um sich vor möglichen Gefahren zu "warnen".

951. In Indien gibt es einen kompletten Wald, der aus einem einzigen Baum besteht. Und er ist so groß wie drei Fußballfelder!

952. Es ist ein Baum, der als Banyanbaum bekannt ist und im Gegensatz zu allen anderen von oben nach unten wächst.

953. Banyanbaumsamen keimen auf anderen Bäumen und ihre Wurzeln werden zu Stämmen und wachsen bis zum Boden.

954. Venedig in Italien wurde auf einer Lagune gebaut, in der Tausende von Baumstämmen platziert wurden, um den Gebäuden Stabilität zu verleihen. Ein ganzer unterirdischer Wald.

955. Es gibt eine Eukalyptusart, die von Natur aus eine regenbogenfarbene Rinde hat.

Saatgut

956. Die Größe der Samen hat nichts mit der Größe der Pflanze zu tun, die sie hervorbringen werden.

957. Redwoods, die größten Bäume der Welt, werden aus Samen geboren, die nur 0,1 Zoll (2mm) groß sind.

958. Jede Sonnenblume hat zwischen 1.000 und 1.400 Samen.

959. Schokolade wird aus Kakao hergestellt, den Samen des Kakaobaums, der in einer Schote wächst.

960. Bohnen, wie Erbsen oder Kichererbsen, sind Samen, die ebenfalls in Schoten wachsen.

961. Der weiße Pompon des Löwenzahns ist eigentlich nicht seine Blüte, sondern seine Samen.

962. Sie haben diese kleinen weißen Haare, weil sie darauf vorbereitet sind, vom Wind weggeblasen zu werden und weit weg zu treiben.

963. Erdnüsse wachsen unter der Erde.

964. Obwohl sie so groß sind, sind Kokosnüsse nichts anderes als die Samen von Kokosnussbäumen.

965. Manche Kokosnüsse können viele Meilen im Meer treiben, bis sie den Strand erreichen, wo sie zu einer Palme heranwachsen.

966. Es gibt Samen, die Brände überleben können, auch wenn der Rest der Pflanze verbrannt wird.

967. Die Samen, die der Hitze des Feuers standhalten können, nennt man Pyrophyten.

968. In Gebieten mit häufigen Bränden gibt es Samen, die sich angepasst haben und diese Hitze sogar brauchen, damit sich ihre Schoten öffnen können.

969. Der Prozess, bei dem sich ein Samen öffnet und eine Pflanze zu wachsen beginnt, wird als Keimung bezeichnet.

970. Der älteste Samen, der jemals gekeimt ist, ist eine 1.300 Jahre alte Lotosblume.

Kräuter und Gewürze

971. Kräuter sind frische Pflanzen, die zum Würzen von Speisen verwendet werden, während Gewürze getrocknete und gemahlene Teile dieser Pflanzen sind. Das ist der Unterschied.

972. Viele Pflanzen, die wir normalerweise als Gewürze bezeichnen, sind eigentlich Kräuter, wie Petersilie oder Basilikum.

973. Koriander ist auch als chinesische Petersilie bekannt.

974. Es gibt mehr als 50 Arten von Basilikum.

975. Zimt ist die getrocknete innere Rinde des Zimtbaums und kann sowohl in Stangen als auch gemahlen verwendet werden.

976. Zitronella ist ein natürliches Mückenschutzmittel.

977. Kreuzkümmel wurde schon vor mehr als 400 Jahren im Niltal in Ägypten verwendet.

978. Mancherorts ist Kurkuma als "Mutter aller Gewürze" bekannt.

979. Wenn du Kurkuma mit heißer Milch mischst, erhältst du ein starkes Antiseptikum für kleine Schnitte oder Kratzer.

980. Im alten Ägypten galt Knoblauch als heilige Pflanze.

981. Rosmarin wird nicht nur frisch oder getrocknet zum Kochen verwendet, sondern kann in Aufgüssen auch gegen Husten helfen.

982. Die griechische Legende besagt, dass Thymian aus den Tränen der Helena geboren wurde, die durch ihre Flucht mit Paris den Trojanischen Krieg auslöste.

983. Minze, Thymian und Salbei gehören zur selben Familie.

984. Im antiken Griechenland galt Oregano als Pflanze des Glücks.

985. Obwohl Paprika auf der ganzen Welt verwendet wird, stammt er ursprünglich aus Mexiko und wurde erst von Christoph Kolumbus nach Europa gebracht.

Bonus-Fakten

986. Botanik ist der Teil der Biologie, der alles untersucht, was mit Pflanzen zu tun hat.

987. "Gemüse" ist ein kulinarischer Begriff, daher sind viele Gemüse aus botanischer Sicht eigentlich Früchte.

988. Fast 20.000 verschiedene Pflanzenarten werden als Medizin verwendet.

989. Bambus ist die am schnellsten wachsende holzartige Pflanze der Welt.

990. Pflanzen mögen keinen menschlichen Lärm und reagieren auf Musik.

991. Eine Pflanze, die "Selbstmordpflanze" genannt wird, hat einen Stachel, der so schmerzhaft ist, dass der Schmerz ein paar Jahre lang anhalten kann.

992. Es gibt fleischfressende Pflanzen, die sich von kleinen Insekten ernähren.

993. Der Mechanismus, mit dem sie ihre Beute fangen, kann von Schnappfallen über klebrige Haare bis hin zu glitschigen Schläuchen reichen.

994. Pflanzen sind in der Lage, andere Pflanzen in ihrer Umgebung zu erkennen und sind weniger konkurrenzfähig, wenn sie zur selben Art gehören.

995. Dies wird als Altruismus bezeichnet und veranlasst die Pflanzen, Ressourcen wie Nährstoffe oder Sonnenlicht zu teilen.

996. Wissenschaftlern ist es gelungen, eine 30.000 Jahre alte Pflanze aus Samen wieder zum Leben zu erwecken, die im Magen eines erfrorenen Eichhörnchens in Sibirien gefunden wurden.

997. In England gibt es einen Garten, der ausschließlich sehr gefährlichen giftigen Pflanzen gewidmet ist.

998. Kaffee erschreckt und lähmt Insekten, die versuchen, ihn zu fressen.

999. Man nennt es einen "Pflanzenverbund", wenn man verschiedene Pflanzenarten anpflanzt, die sich gegenseitig beim Wachsen helfen.

1000. Die amerikanischen Ureinwohner pflanzten Mais, um Schatten zu spenden, Bohnen, um den Boden mit Stickstoff zu versorgen, und Kürbis, um das Land vor Unkraut zu schützen.

FAZIT

Herzlichen Glückwunsch, dass du es bis zum Ende von Fakten für Kinder geschafft hast! Ich hoffe, du hattest eine Menge Spaß und hast etwa 1.000 neue Dinge gelernt.

Denke daran, dass es noch viele Fakten zu entdecken gibt. Wenn dir also etwas aufgefallen ist, zögere nicht und recherchiere weiter. Die besten Fakten warten immer noch da draußen auf dich, und vielleicht findest du so beeindruckende Dinge wie, dass es eine Million Ameisen für jeden Menschen auf unserem Planeten gibt!

Hier ist ein Bonusfakt: Du wirst die lustigsten Fakten mit all deinen Freunden und deiner Familie teilen, damit sie genauso viel Spaß haben wie du!